LORNA BYRNE

# Liebe

## Das Geschenk des Himmels



GOLDMANN
Lesen erleben

*Buch*

Viele Menschen verbringen das ganze Leben damit, nach ihr zu suchen – erst die Liebe macht es lebenswert. Die irische Bestsellerautorin Lorna Byrne zeigt jedoch: Niemandem muss es an Liebe mangeln. Wir alle werden als reine Liebe geboren, haben aber häufig unser Herz vor ihr verschlossen. Wenn wir lernen, uns wieder selbst zu lieben, können wir die Liebe, die in uns schlummert, neu erwecken und unser gesamtes Leben verwandeln.

*Autorin*

Lorna Byrne, geboren und aufgewachsen in Irland, kann seit frühester Kindheit Engel sehen und mit ihnen kommunizieren. Seit sie 2008 das erste Mal mit ihrem Wissen an die Öffentlichkeit ging, erreichte ihre Botschaft mehr als eine Million Leser in der ganzen Welt. Ihre Bücher erschienen in mehr als 50 Ländern und wurden in 28 Sprachen übersetzt. Lorna Byrne ist Mutter von vier Kindern und lebt zurückgezogen in Irland. In regelmäßigen Abständen hält sie Vorträge und Workshops im deutschsprachigen Raum. Mehr über die Autorin erfahren Sie auf ihrer Website: www.lorna-byrne.de

*Von Lorna Byrne sind bei Goldmann, Arkana Audio und Kailash außerdem erhältlich:*

Engel in meinem Haar (22088)
Himmelspfade (22104)
Eine Botschaft der Hoffnung (63059)
Engel berühren meine Fingerspitzen (63140)
Deine Seele leuchtet (63128)
Engel in meinem Haar (5 CDs, 33964)
Eine Botschaft der Hoffnung (2 CDs, 33981)

Lorna Byrne

# LIEBE

*Das Geschenk des Himmels*

**Die Kraft, die alles ändert**

Aus dem Englischen von
Bettina Lemke

GOLDMANN

Dieses Buch ist auch als E-Book erhältlich.

Die britische Originalausgabe erschien 2014 unter dem Titel
»Love from Heaven« bei Coronet, einem Imprint von
Hodder & Stoughton, einem Unternehmen von Hachette UK, London.
Diesem Buch liegt die erweiterte Paperback-Ausgabe zugrunde,
2015 erschienen im selben Verlag.

FSC www.fsc.org
MIX
Papier aus verantwortungsvollen Quellen
FSC® C014496

Verlagsgruppe Random House FSC® N001967

4. Auflage

Vollständige Taschenbuchausgabe September 2016

Lektorat: Daniela Weise
Umschlaggestaltung: ki 36 Editorial Design, München,
unter Verwendung zweier Abbildungen von © plainpicture/
Ilona Wellmann und © shutterstock/mexrix
fm · Herstellung: cf
Satz: Satzwerk Huber, Germering
Druck: GGP Media GmbH, Pößneck
Printed in Germany
ISBN 978-3-442-22158-5

www.goldmann-verlag.de

# Inhalt

Kapitel 1

# Wir alle sind reine Liebe

Wir alle sind reine Liebe. Aber die meisten von uns haben diese Liebe in ihrem Inneren eingeschlossen und lassen sie nicht hinaus. Die Liebe in uns bleibt jedoch immer da. Wir können sie einsperren, aber wir können sie nicht zerstören, und wir haben stets das Potenzial, sie freizusetzen. Dafür müssen wir jedoch zuerst lernen, uns wieder selbst zu lieben. Wenn wir uns nicht selbst lieben können, sind wir nicht fähig, einen anderen Menschen zu lieben.

Die Liebe ist die stärkste Kraft der Welt. Sie stammt aus unserer Seele. Sie bringt all die Freude und alles Glück in unser Leben. Die Liebe hilft uns, die richtige Richtung einzuschlagen, und sie treibt uns an, egal was in unserem Leben gerade los ist. Die Liebe macht das Leben lebenswert.

Die Liebe ist wie die Sonne. Sie ist unsere Lebenskraft. Sie überwindet alles. Dennoch zeigen die Engel mir immer wieder, wie wenig Liebe die meisten Menschen sich selbst gegenüber empfinden und wie wenig Liebe demzufolge tatsächlich in unserem Leben vorhanden ist – und wie viel mehr es davon geben könnte. Der Zustand unserer heutigen Welt ist ein Beleg für den Mangel an Liebe.

Viele Leute meinen, die Liebe sei stets süß und leicht – aber in Wahrheit tut sie oft weh. Wenn wir uns für die Liebe öffnen, machen wir uns häufig verwundbar. So viele von uns haben seit ihrer Kindheit gelernt, sich zu verhärten, ihre Liebe aus Angst vor Verletzungen einzusperren. Wenn wir unsere Liebe einschließen, machen wir uns und unsere Welt viel kaltherziger, egoistischer und trister. Wir büßen etwas von unserer Menschlichkeit ein.

Seit ich ein kleines Kind war, haben die Engel mich vieles über die Liebe gelehrt, und sie helfen mir, die Kraft der Liebe physisch zu sehen.

Ich sehe ständig Engel. Ich kann mich nicht an eine Zeit erinnern, zu der ich sie nicht gesehen hätte. Bereits unmittelbar nachdem ich meine Augen nach meiner Geburt geöffnet hatte, waren sie da – obwohl ich nicht wusste, dass es sich um Engel handelte. Ich sehe sie immer noch so deutlich, wie ich meine Tochter sehe, die mir am Küchentisch gegenübersitzt. Es gab keinen Tag, an dem ich keine Engel gesehen hätte. Die Engel sind meine besten Freunde, meine Gefährten und meine Lehrer – sie sind und werden immer meine unverzichtbaren täglichen Begleiter bleiben.

Zum ersten Mal wurde mir im Alter von etwa fünf Jahren bewusst, dass die Engel mich etwas über die Liebe lehrten. Ich saß gemeinsam mit meiner Mutter, meinem Vater und meinen Schwestern am Küchentisch in unserem Zuhause in Old Kilmainham in Dublin. Wir hatten Besuch, und dieser hatte uns etwas Köstliches mitgebracht: einen Schokoladenkuchen. Wir Kinder waren völlig aus dem Häuschen, weil meine Eltern es sich nur selten leisten konnten, einen Kuchen zu kaufen. Der Tisch war von Engeln umgeben. Einer der Engel forderte mich auf, meinen Vater genau zu beobachten. Ich tat, wie er mich geheißen hatte. Als ich meinen Vater ansah, erkannte ich eine Art sanften Nebel, der langsam aus ihm herausströmte. Er schien aus jeder Pore seines Seins, aus seinem ganzen Körper zu kommen und bewegte sich auf meine Mutter zu. Ich sah zu ihr hinüber und erkannte, dass ein ähnlicher Nebel von ihr ausströmte. Die beiden Nebel berührten und verflochten sich. Der Nebel hatte keine Farbe, aber er glitzerte wie Eis im Sonnenlicht.

Zum ersten Mal nahm ich die Kraft der Liebe bewusst auf eine physische Weise wahr. Ohne die Hilfe der Engel hätte ich sie nicht gesehen.

Mein Vater schnitt den Kuchen an und wollte mir zuerst etwas davon geben, aber meine Mutter fuhr dazwischen. Sie sagte scharf, meine Schwester solle das erste Stück bekommen. Mein Vater sah sie betroffen an, und der Nebel schien zu ihm zurückzuweichen. Die Liebeskraft, die ich zwischen meinen Eltern gesehen hatte, war verschwunden. Die Engel erklärten mir, dass der zornige Kommentar meiner Mutter meinen Vater dazu veranlasst hatte, seine Liebe zurückzuziehen und einzuschließen. Mein Vater war verletzt und irritiert, denn er hatte kein Kind bewusst bevorzugt. Er hatte mir das Stück Kuchen reichen wollen, weil ich näher bei ihm saß als meine Schwester.

Dies war das erste von vielen Malen, dass ich diese Liebeskraft sah. Ich nehme sie wahr, wenn jemand liebevoll an einen Menschen oder an etwas anderes denkt. Ich sehe sie nicht bei jedem und nicht ständig. Ehrlich gesagt, sehe ich sie nicht so häufig, wie ich es mir wünschen würde. Wahrscheinlich nehme ich sie bei einem von 20 Menschen wahr, denen ich an einem normalen Tag zufällig begegne.

Es fällt mir immer noch schwer, genauer zu beschreiben, wie diese Liebeskraft aussieht. Sie ist keineswegs wie eine Aura oder Energie oder wie ein Lichtstrahl. Sie ist manchmal auch völlig anders, aber dennoch ziemlich gut sichtbar für mich.

Die Engel haben mir nicht nur beigebracht, die Kraft der Liebe zu sehen, sie haben mich auch gelehrt, ihre Intensität wahrzunehmen und zu messen – so wie unterschiedliche Temperaturen.

## Die Liebe ist die stärkste Kraft der Welt.

Die Engel haben mich alles gelehrt, was ich weiß. Der Engel Michael und der Engel Hosus sind wahrscheinlich diejenigen Engel, die mir am meisten beigebracht haben – abgesehen von meinem Schutzengel, über den ich nicht sprechen darf. Ich bin dem Engel Michael zum ersten Mal als sehr kleines Kind begegnet. Er erscheint mir meistens als gut aussehender Mann. Dem Engel Hosus begegnete ich zum ersten Mal ungefähr zu der Zeit, als ich die physische Kraft der Liebe das erste Mal sah. Er zeigt sich mir in der Erscheinung eines altmodischen Schullehrers mit einer Robe und einem lustig geformten Hut. Er ist voller Wissen und Weisheit und kann mich gut aufmuntern und mir Zuversicht schenken. Er begann damit vor vielen Jahren, zu meiner Schulzeit, als ich Probleme wegen meiner Legasthenie hatte und mir sehr dumm vorkam. Und er hilft mir immer noch, wenn ich schreibe oder Interviews gebe.

Es gibt noch einen Engel – dessen Namen ich nicht kenne und den ich noch nie richtig gesehen habe –, der in meiner Nähe ist, wenn ich etwas über die Liebe gelehrt bekomme. Dieser Engel war in der Küche, als ich die Liebe zwischen meiner Mutter und meinem Vater sah, und er ist jetzt bei mir, während ich über die Kraft der Liebe schreibe. Der Engel scheint stets zu meiner Rechten, etwas hinter mir und außerhalb meines Gesichtsfelds zu sein. Es ist so, als wäre es mir nicht gestattet, mehr von ihm zu sehen. Ich habe keine Ahnung, warum das so ist. Ich habe Fragen über diesen Engel gestellt, aber mir wurde nichts weiter über ihn erklärt. Ich sehe ihn als einen besonderen Lehrengel, der mir geschickt wurde, um mir zu helfen, mehr über die Liebe zu erfahren, damit ich es an Sie weitergeben kann.

Nachdem ich durch den Engel ohne Namen gelernt hatte, die Kraft der Liebe physisch wahrzunehmen, brachte er mir bei, ihre Intensität zu messen. Da ich zu der Zeit erst sechs oder sieben Jahre alt war, lehrte mich der Engel, meine Finger dafür zu benutzen.

Wollte ich zeigen, dass ich eine Liebe mit einer Intensität der Stärke drei wahrnahm, bog ich zwei Finger meiner Hand nach unten, sodass drei Finger ausgestreckt blieben. Der Engel stand dabei hinter mir. Immer wenn ich versuchte, mich umzudrehen und den Engel anzusehen, war es, als sei ich körperlich nicht in der Lage dazu, als halte irgendeine Kraft mich davon ab.

Hätte ich als Erwachsene gelernt, die Liebe zu messen, hätte der Engel es mir möglicherweise anders beigebracht. Aber ich habe es auf diese Weise gelernt, daher messe ich die Intensität der Liebe auch heute noch so.

Meistens liegt die Liebe, die ich messe, zwischen einer Stärke von eins und zehn, aber manchmal habe ich das Privileg, eine Liebe gezeigt zu bekommen, die diese Stärke bei Weitem übertrifft. Ich gebe ihr einen Wert von 100. Die Zahl 100 war die größte Zahl, die ich mir als Kind vorstellen konnte, als der Engel ohne Namen mir beibrachte, die Intensität der Liebe zu messen.

Es ist wunderschön, eine Liebesintensität von 100 zu sehen. Sie spiegelt die Reinheit der Liebe, die von der Person ausströmt. Es ist allerdings sehr schwer, sie zu beschreiben. Sie ist kristallklar und von einem warmen Licht erfüllt. Die Kraft der Liebe hüllt die Person in ein strahlendes Licht ein und leuchtet gleichzeitig aus ihr heraus.

Wenn ich eine Liebe mit dieser Intensität wahrnehme, macht mich das ungeheuer glücklich. Es überwältigt mich emotional, sodass ich kaum noch sprechen kann. Es berührt mich zutiefst und ruft die Liebe in meinem Inneren hervor. Ich kann die Wirkung noch Wochen später spüren.

Ich weiß nicht, ob ich die Kraft der Liebe auf eine andere Weise spüre als andere Menschen. Die Engel haben mir gesagt, dass jeder das Potenzial hat, Liebe zu spüren. Da die Engel mein Bewusstsein für die Liebe sehr geschärft und mich überdies gelehrt haben, sie physisch wahrzunehmen, kann es allerdings sein, dass ich Liebe auf eine sensiblere Weise spüre als andere Menschen.

Die Engel haben mir auch gesagt, dass Gott mir erlaubt hat, die Kraft der Liebe zu sehen, damit ich dabei helfen kann, die uns allen innewohnende Liebe hervorzurufen.

Wir werden alle als reine Liebe geboren. Als Baby im Bauch unserer Mutter lieben wir alle bedingungslos. Jeder von uns leuchtet bei der Geburt vor reiner Liebe, egal ob wir erwünscht waren oder ob unsere Mutter eine unproblematische Schwangerschaft und leichte Wehen hatte. Als Neugeborene wissen wir, dass wir perfekt sind und Liebe verdienen, und wir empfinden reine Liebe zu uns selbst und gegenüber jedem in unserem Umfeld.

Allerdings beginnt diese Liebeskraft fast unmittelbar danach zu schwinden. Selbst mit überaus liebevollen Eltern spürt ein Baby bald die Kälte und den Mangel an Liebe in unserer Welt. Und es schützt sich, indem es die Liebe mehr und mehr in seinem Inneren einsperrt.

Der Engel hat mich gelehrt zu sehen, wie es physisch aussieht, wenn wir unsere Liebe einschließen. Zu dem Zeitpunkt war ich ungefähr acht Jahre alt. Wir lebten im Haus unseres Cousins in Ballymun, nachdem das Dach des Hauses in Old Kilmainham eingestürzt war. Es war an einem wunderbaren Frühlingstag. Ich hatte gerade in einem Geschäft etwas Milch für meine Mutter besorgt und befand mich allein auf dem Nachhauseweg. Da erschien der Engel ohne Namen neben mir. Eine Gruppe von Jungen spielte auf der Straße. Der Engel deutete auf einen dürren, etwa fünfjährigen Knirps mit kurzer

Hose, aus der das Hemd heraushing, und forderte mich auf, ihn genau zu beobachten. Während ich das tat, drehte sich der Junge in meine Richtung um. Der Engel erlaubte mir, eine Art Band zu sehen, das auf der Höhe des Herzens um den Körper des Jungen gelegt war. Es lässt sich schwer beschreiben. Es war durchsichtig, wie eine Schicht aus Eis, sowie hart und kalt.

Es war, als wäre die Liebe in dem Jungen eingeschlossen worden, damit neue Verletzungen ihn nicht mehr treffen konnten. Der Engel fragte mich, ob ich irgendetwas spürte. Ich nahm die Verletzung und den Schmerz des Jungen wahr und konnte auch die Liebe spüren, die nicht hinausgelassen wurde. Es zerriss mich innerlich. Ich wollte den kleinen Jungen umarmen. Ich ging auf ihn zu, und als ich näher kam, konnte ich Tränen in seinen Augen sehen. Ich sagte »Hallo« und reichte ihm meine Hand, aber als ich das tat, wandte er sich ab.

Der Engel sagte mir, seine Liebe sei eingeschlossen, und er habe Angst vor meiner Zuneigung sowie vor der aller anderen Menschen. Es tat mir leid, dass ich keine Süßigkeiten in meiner Tasche für ihn dabeihatte. Ich fragte den Engel nach Art einer Achtjährigen, ob eine Süßigkeit dem Jungen helfen würde. Ich konnte das Gesicht des Engels nicht sehen – ich habe es noch nie gesehen –, aber es fühlte sich so an, als würde er lächeln, als er antwortete, eine nette, liebevolle Geste einer Fremden oder von irgendeinem anderen Menschen könne dem Jungen helfen, einen Teil seiner Liebe zu befreien.

Manchmal setzen wir unbewusst Liebe frei. Wenn wir von tragischen Ereignissen in einem anderen Teil der Welt hören, kann uns eine enorme Traurigkeit und großes Mitgefühl überkommen. Wir kennen die Betroffenen nicht, aber wir fühlen mit ihnen. Wir sind bewegt. Die Liebe in uns wird angerührt, und wir lassen einen Teil davon emporkommen.

Kurz nachdem sich im Jahr 2004 die ersten Nachrichten über den Tsunami in Südostasien verbreitet hatten, sah ich zufällig eine Frau auf einer Straße. Ich hatte noch nichts von der Katastrophe gehört und war daher erstaunt über die Kraft der Liebe, die von der Frau ausging. Ich wusste nicht, wodurch sie entstanden war. Es war, als ströme ein Wirbelwind aus Liebe aus jedem Teil ihres Seins. Als wäre der Schutz, den sie um sich herum errichtet hatte, um sich gegen Verletzungen abzuschirmen, durch die Kraft ihrer Emotionen und Liebe fortgeblasen worden.

Wir spüren die Liebe durch unsere Emotionen. Und Emotionen wühlen uns auf. Sie helfen uns, Liebe aus unserem Inneren freizusetzen, die wir möglicherweise unter Kontrolle halten wollen. Viele von uns versuchen mit aller Kraft zu verhindern, dass die Liebe aus ihrem Inneren hervorgerufen wird und sie ein solches Mitgefühl empfinden. Wenn ein Ereignis sie nicht persönlich betrifft, wollen sie nicht davon berührt werden – es soll sich nicht auf ihr Leben auswirken. Aber das tut es. Wenn wir Emotionen wie etwa Mitgefühl und Liebe gegenüber unseren Mitmenschen und sogar Fremden gegenüber nicht zulassen, leidet unsere Menschlichkeit darunter. Dann können Emotionen wie Hass und Zorn prächtig gedeihen. Wir werden gefühlskalt selbst gegenüber Menschen, die wir gern mögen.

Überdies vergessen wir, uns selbst zu mögen und zu lieben. Für das eigene Glück ist es sehr wichtig, sich selbst zu lieben, das sagen die Engel mir immer wieder. Mir wird gezeigt, dass die meisten Menschen sich nicht genug lieben. Als hätten wir vergessen, wie wichtig die Eigenliebe ist.

Der Engel ohne Namen, der mich so viel über die Liebe gelehrt hat, brachte mir auch bei, diejenige Kraft der Liebe zu erkennen, die darauf gerichtet ist, das eigene Selbst zu lieben. Ehrlich gesagt, habe ich sie in meinem engeren Familienkreis nicht häufig gesehen, als ich aufwuchs. Zum ersten Mal sah ich diese Kraft, als ich sieben oder acht Jahre alt war. Ich war auf einer Weihnachtsfeier im Haus meiner Großmutter. Es waren viele Leute da. Der Engel ohne Namen forderte mich auf, ins Wohnzimmer zu schauen. Mein Onkel namens Peter saß dort auf der Lehne eines großen bequemen Sessels. Während ich ihn beobachtete, konnte ich die Kraft der Liebe sehen, die aus ihm hervorströmte. Sie wich etwas von ihm fort und bewegte sich dann wie eine Welle wieder zu ihm zurück. Es war die gleiche Liebeskraft, die ich zwischen meiner Mutter und meinem Vater gesehen hatte. Aber es war, als würde mein Onkel von der Liebe überströmt, die aus seinem Inneren stammte. Er sah so glücklich mit sich aus; glücklich, einfach da zu sein.

Seine Liebe zu sich selbst war sehr ansprechend; ich wollte bei ihm sein. In diesem Moment erblickte er mich und rief mich zu sich. Ich setzte mich fröhlich auf seinen Schoß und spürte und sah die Behaglichkeit und den Trost seiner Liebe gegenüber sich selbst. Gelegentlich musste ich deswegen kichern. Dann sah Onkel Peter mich neugierig an, als frage er sich, was dieses lustige kleine Kind wohl denken mochte.

Die Liebe zu uns selbst oder zu jemand anders hilft uns dabei, uns tiefer mit unserer eigenen Spiritualität zu verbinden, mit unserer Seele. Wenn nur die eine Botschaft dieses Buches bei Ihnen ankommt, dass Sie sich selbst mehr lieben sollten, wird das viel in Ihrem Leben und dem der Menschen in Ihrem Umfeld verändern. Im nächsten Kapitel werde ich Ihnen viel mehr darüber erzählen, auf welche Weise es Ihnen gelingt, sich mehr zu lieben, und warum das so wichtig ist.

Jeder einzelne Mensch hat – unabhängig von Religion und Glauben – eine Seele. Gott liebt uns alle so sehr, dass er jedem von uns einen winzigen Funken von sich selbst geschenkt hat. Dieser winzige Lichtfunke Gottes ist unsere Seele. Wir haben eine tiefere Verbindung zu unserer Seele, wenn wir uns für die Liebe öffnen.

Liebe ist Liebe; sie ist stets die Gleiche, aber der Engel ohne Namen hat mir gezeigt, dass viele Menschen eine sehr begrenzte Vorstellung von der Liebe haben. Sie sehen sie als etwas, das lediglich in einer Partnerschaft oder innerhalb einer Familie vorhanden ist. Ich begegne so vielen Menschen, die sich intensiv nach Liebe sehnen, aber denken, der einzige Weg, um Liebe zu bekommen, sei eine romantische Liebesbeziehung. Und daher erkennen sie weder die bereits vorhandene Liebe in ihrem Leben noch die Chancen für die Liebe. Sie machen sich nicht bewusst, auf welch unterschiedliche Weise wir lieben können.

Eines Tages, als ich etwa elf Jahre alt war, befand ich mich gerade in einem der Wagenschuppen hinter einer großen Herberge in der Grafschaft Clare, in der meine Großmutter arbeitete. Da kam der Engel ohne Namen zu mir und forderte mich auf, meinem Großvater leise zu folgen, damit er mich nicht bemerkte. Mein Großvater war ein schweigsamer Mann, der im Kampf um die irische Unabhängigkeit ein Bein verloren und daher Probleme beim Gehen hatte. Ich folgte ihm, als er in einem der Schuppen verschwand, und spähte vorsichtig hinein. Ich konnte die Liebe sehen, die von meinem Großvater ausströmte, sogar als ich seinen schockierten, leidvollen Blick sah. Gleichzeitig fragte ich mich, was los war.

Er zog ein weißes Taschentuch aus seiner Hosentasche und beugte sich mit großer Mühe zum Boden hinunter.

Als ich erkannte, was er aufgehoben hatte, begriff ich, was passiert war. Im Taschentuch befanden sich zwei winzige Vögelchen – Schwalbenküken. Hoch oben an der Wand war ein Schwalbennest, und irgendwie – ich habe keine Ahnung wie – waren diese beiden Vögelchen herausgefallen.

Der liebevolle Gesichtsausdruck meines Großvaters sowie die Kraft der Liebe, die von ihm zu den kleinen Vögeln strömte, berührten mich sehr. Der Engel ohne Namen neben mir sagte: »Das ist Liebe. Er hat so viel Liebe eingeschlossen, weil sein Leben so hart war.« Traurig dachte ich an seine beiden Kinder, die, so hatte man mir erzählt, auf tragische Weise in jungen Jahren ums Leben gekommen waren. »Seine Liebe zu diesen Vögeln ist die gleiche Liebe, die du bei deinen Eltern gesehen hast. Traurig ist nur, dass es deinem Großvater leichter fällt, einem Vogel seine Liebe zu zeigen als seiner Familie.«

Mein Großvater bewegte sich mühsam mit seinem Stock in der einen Hand zur Schuppentür. In der anderen Hand hielt er wie in einer Wiege vorsichtig die beiden Vögelchen.

Als ich kurz darauf in die Küche ging, hatte mein Großvater die beiden bereits liebevoll in eine Kiste gesetzt, damit sie gut geschützt waren, und fütterte sie mit warmer Milch aus einer Pipette. So umhegte er die Vögel einige Wochen lang, bis sie kräftig genug waren, um für sich selbst zu sorgen, und er sie freilassen konnte. Manchmal durfte ich ihm dabei helfen, sie zu füttern.

Der Engel ohne Namen hat mir gesagt, Liebe sei Liebe. Aber er sagte mir auch, dass wir auf sehr unterschiedliche Art und Weise lieben können. Wir alle haben reine Liebe in uns. Wir waren als Neugeborene voller Liebe, und egal was uns bisher auch widerfahren sein mag, die Liebe ist immer noch vorhanden. Egal womit das Leben uns konfrontiert hat und was wir anderen angetan haben mögen, die Liebe in uns wird nicht weniger.

Doch wir alle sperren viel oder sogar die gesamte Liebe tief in uns ein. Wir müssen wieder lernen, sie hinauszulassen.

Wenn wir Liebe zu irgendetwas empfinden, hilft uns das, Liebe in uns hervorzurufen und mehr davon freizusetzen. Liebe wird durch die persönliche Erfahrung der Liebe hervorgerufen: indem wir sie spüren, liebevolle Gedanken hegen oder Liebe sehen. Wir lernen voneinander zu lieben.

Den Engeln zufolge können wir alle lernen, häufiger und mit einer größeren Intensität zu lieben. Deshalb habe ich dieses Buch geschrieben.

Kapitel 2

# Sich selbst wieder lieben lernen

Jedes neugeborene Baby, das ich sehe, leuchtet vor Liebe. Es ist ein Leuchten, das aus der Seele stammt. Bei einem Neugeborenen, das gerade vom Himmel gekommen ist, sehe ich die Seele viel weiter vorn im Körper. Außerdem sind die Seele und der Körper offenbar näher beisammen. Daher wirkt die Seele eines Babys so hell und leuchtend.

Gott hat eine Verbindung zwischen der Seele und der Liebe geschaffen, um unsere Menschlichkeit zu fördern. Aber wenn wir uns selbst nicht lieben, wird unsere Liebe anderen gegenüber schwächer. Daher sagte Jesus Christus: »Liebe deinen Nächsten wie dich selbst.« Wenn wir uns selbst nicht lieben, sind wir unfähig, andere zu lieben.

Alle Babys sind reine Liebe. Sie empfinden vollkommene Liebe zu sich selbst und wissen, dass sie perfekt, liebenswürdig und einzigartig sind. Doch bereits in den ersten Lebensmonaten eines Babys sehe ich das Leuchten der Liebe schwächer werden. Und im Alter von zehn Jahren – und manchmal bereits viel früher – hat das Leuchten erheblich abgenommen, da die Kinder einen großen Teil der Liebe einschließen, um sich zu schützen. Um zu verhindern, dass sie weiterhin verletzt werden.

Gott lässt nicht zu, dass wir Liebe vernichten, verlieren oder reduzieren. Aber wir können viel davon einschließen, als würden wir sie in einen Käfig sperren und den Schlüssel wegwerfen.

Leuchteten wir alle wie neugeborene Babys vor reiner Liebe, würden wir in einer völlig anderen Welt leben. Wir hätten allesamt großes Selbstvertrauen und wären uns unserer Begabungen bewusst. Es ist nicht eitel oder egoistisch, sich selbst zu lieben. Und man hält sich deshalb auch nicht für etwas Besonderes. Bei der Selbstliebe geht es darum, zu schätzen und zu lieben, wer wir sind. Niemand ist vollkommen – weder Sie noch ich –, aber wenn wir uns selbst liebten, würden wir uns auf die Dinge konzentrieren, die uns Spaß machen und die wir gut können. Wir würden uns keine Gedanken über Dinge machen, die wir nicht gut können oder bei denen wir uns unzulänglich fühlen. Wir wären weit weniger kritisch mit uns selbst und gegenüber anderen und hätten nicht so viel an anderen Menschen auszusetzen. Es gäbe viel weniger Eifersucht, Egoismus oder Neid. Unser Leben wäre einfacher und freudvoller.

Wir wären wahrlich vollkommen wir selbst – der Mensch, dessen Potenzial bereits bei unserer Geburt vorhanden war, der Mensch, so wie Gott ihn sich wünscht. Wir könnten unser Leben auf der Erde so gestalten, dass es wie ein schwacher Abglanz des Himmels wäre. Vielleicht denken Sie, dies sei ein unmöglicher Traum, aber Gott hat mir bewiesen, dass es eine reale Möglichkeit ist.

Von Kindesbeinen an war es mir gestattet, Menschen zu sehen, die ich als »leuchtende Babys« bezeichne. Es sind Kinder, die ihre Liebe nicht einschließen, sondern sich die reine Liebe bewahren, die sie als Babys hatten. Ich sollte sie vielleicht eher als »leuchtende Kinder« oder »leuchtende junge Menschen« bezeichnen, aber ich verbinde sie immer mit Babys, denn wenn ich die Seele eines »leuchtenden Babys« sehe, scheint sie mit einer besonderen Intensität wie bei einem Neugeborenen.

Da »leuchtende Babys« so hell scheinen, überrascht es mich, dass andere Menschen das nicht auch sehen können – aber offenbar können sie es tatsächlich nicht. Allerdings fühlen Menschen sich unglaublich zu »leuchtenden Babys« hingezogen, ohne zu wissen warum, und möchten ständig in ihrer Nähe sein. »Leuchtende Babys« sind spirituell höher entwickelt; ich sehe, dass ihre Seele mit ihrem Körper verflochten ist, und sie zeigen uns, welches Potenzial wir haben.

Leider ist die Welt noch nicht bereit für solche Menschen, daher erlaubt Gott ihnen nicht, sehr lange zu leben. All die »leuchtenden Babys«, die ich in meinem Leben bisher gesehen habe – es waren etwa ein Dutzend – wurden mit körperlichen Behinderungen geboren. Das älteste war ungefähr 16 Jahre alt. Ich habe diese Person vor ein paar Jahren gesehen und weiß, dass sie nun in den Himmel zurückgekehrt ist. Während die »leuchtenden Babys« hier auf der Erde sind, nehmen sie ihre Behinderung allerdings nicht wahr – sie sind reine Liebe. Und egal was geschieht, sie sperren ihre Liebe niemals ein. »Leuchtende Babys« sind ein Symbol der Hoffnung für die Zukunft. Sie zeigen uns, wie wir wären, wenn wir unsere Liebe nicht einschließen würden.

Manchmal können einfachste Dinge dazu führen, dass kleine Kinder dieses Leuchten verlieren und ihre Liebe einsperren. Ich habe es mehrfach beobachtet. Einmal brachte ich meinen ältesten Sohn Christopher zu einer Geburtstagsfeier bei einem Nachbarn, als er sieben oder acht Jahre alt war. Wir kamen zu spät, und die Party war bereits in vollem Gange. Das Haus war voller aufgedrehter Kinder und voller Engel. Ich trank Tee mit ein paar anderen Müttern. Wir unterhielten uns und schauten den Kindern zu. Die Mutter des Geburtstagskindes leitete ein paar Partyspiele an und hatte einen Korb mit kleinen Preisen für die Gewinner zusammengestellt. Einer der kleinen Jungen war sehr aufgeregt, als er einen Preis gewann. Die Engel im Raum umgaben ihn; er leuchtete vor Liebe, als er in den Korb hineingriff, einen Preis herauszog und ihn erwartungsvoll auspackte. Doch der Preis, den er gewählt hatte, war kaputt, und der kleine Junge war sehr enttäuscht. Ich sah, wie er seufzte und die Liebe offenbar tief in sich selbst hineinzog. Die Engel erlaubten mir, eine Art silbernes Band zu sehen, das sich im Bereich des Herzens um den Körper des Jungen zu legen schien; es war durchsichtig, wie eine Schicht aus Eis, dabei hart und kalt. Ein Engel streckte seine Hand aus und berührte das Band. Er versuchte, den Jungen davon abzuhalten, zu viel Liebe einzuschließen. Ich sah, wie das Leuchten der Liebe bei dem Jungen schwächer wurde. Es machte mich sehr traurig, das zu beobachten. Ich fühlte mit ihm und sprach ein Gebet für ihn.

Ich ging zu meinem Sohn Christopher und fragte ihn, ob er den Preis, den er gewonnen hatte, mit dem kleinen Jungen teilen würde. Christopher war damit einverstanden, also gingen wir beide zu dem Jungen, um mit ihm zu sprechen.

Aber als wir ihn erreichten, war es bereits zu spät. Der Junge hatte einen beträchtlichen Teil seiner Selbstliebe in sich hineingezogen. Es war, als hätte er sie in einen Käfig gesperrt und diesen mit einem Schlüssel verschlossen, um nicht erneut enttäuscht oder verletzt zu werden.

Es ist so traurig. Bereits Kleinigkeiten können dazu führen. Man muss dafür nicht unbedingt einen großen Verlust erleben.

Alle Eltern möchten ihre Kinder vor schweren Schlägen des Lebens bewahren. Aber das können sie nicht. Kinder sind hier, um ihr eigenes Leben zu leben, mit seinen Höhen und Tiefen, und um ihre eigenen Erfahrungen zu machen.

Als Kind hatte mein Sohn Owen einen Hundewelpen, den er abgöttisch liebte. Er überhäufte ihn mit überschwänglicher Liebe. Eines Tages, als Owen etwa sieben Jahre alt war, wurde der Hund von einem Auto überfahren und starb. Ich erinnere mich noch genau an den Anblick, als Owen traurig neben seinem Vater durch das Tor kam und seinen selbstgezimmerten Leiterwagen mit dem toten Hund darauf hinter sich herzog.

Das leuchtende Licht der Liebe, das Owen stets ausgestrahlt hatte, war verschwunden. Er hatte die Liebe eingeschlossen, um sich vor neuen Verletzungen zu schützen.

Im Alter von zehn Jahren haben die meisten Menschen – das heißt mehr als neun von zehn – einen großen Teil ihrer Liebe vor sich selbst und anderen verschlossen.

Allerdings verschwindet diese Liebe nie. Liebe kann nie zerstört oder gemindert werden. Sie ist in Ihnen eingeschlossen, und Sie haben die Möglichkeit, sie freizusetzen. Sie können sich dafür entscheiden, sie zu spüren. Das wird Ihnen helfen, sich selbst und andere nicht weiter zu zerstören. Es wird Ihr Leben glücklicher und erfüllter machen. Wenn Sie sich selbst mehr lieben, werden Sie auch in der Lage sein, andere mehr zu lieben, und Sie werden tatsächlich mehr Sie selbst sein.

Der Engel ohne Namen war hier bei mir, während ich an diesem Kapitel gearbeitet habe, und ich habe ihn gefragt, wie ich Ihnen dabei helfen kann, zu lernen, sich mehr zu lieben.

Zuerst wies der Engel mich an, Sie aufzufordern, sich klarzumachen, wie viel Liebe Sie in sich haben und auf welche Weise Sie den Schlüssel kontrollieren, mit dem Sie mehr davon hinauslassen können. Viele Menschen haben nie richtig über diesen Aspekt der Liebe nachgedacht, dabei ist er so wichtig. Ich hoffe, das bisher in diesem Buch Gesagte hat Ihr Bewusstsein für die Liebe gefördert und Ihnen gezeigt, warum Ihr Leben besser wäre, wenn Sie mehr Liebe freisetzen könnten.

Viele Menschen sind entsetzt, wenn ich ihnen sage, dass dem Engel ohne Namen zufolge neun von zehn Leuten drei Viertel ihrer Liebe eingeschlossen haben. Ich bin gefragt worden, ob es Unterschiede zwischen Menschen verschiedener Nationalitäten oder Altersgruppen gibt, aber mir wurde tatsächlich kein Unterschied gezeigt.

Es ist enorm, dass die große Mehrheit der Menschen nur ein Viertel ihrer Liebe hinauslässt. Wenn jeder sich entschließen würde, nur etwas mehr Liebe zu zeigen, wäre das in unserer Welt deutlich spürbar.

Ihr Schutzengel kann Ihnen helfen, sich der Liebe bewusst zu werden, die Sie eingeschlossen haben. Ihr Schutzengel liebt Sie bedingungslos. Er verurteilt Sie nie, und Sie sind für ihn in jeder Hinsicht vollkommen. Bitten Sie ihn darum, Ihnen dabei zu helfen, sich so zu sehen, wie er Sie sieht. Bitten Sie ihn, Sie immer wieder daran zu erinnern, besonders wenn Sie anfangen, sich zu bewerten oder Fehler bei sich zu suchen. Viele von uns haben eine Begabung dafür, negativ über sich selbst zu denken, und hegen nur wenig liebevolle Gedanken. Falls irgendjemand Ihnen jemals gesagt hat, dass Sie sich nicht lieben oder schätzen sollten, schieben Sie diesen Gedanken bitte möglichst schnell beiseite – befreien Sie sich davon. Wenn wir liebevolle Gedanken über uns selbst hegen, setzen wir mehr Liebe frei. Sie überströmt uns und macht uns glücklicher und zuversichtlicher. Hegen wir negative oder kritische Gedanken, geschieht genau das Gegenteil.

**Wenn Sie sich selbst mehr lieben, werden Sie auch in der Lage sein, andere mehr zu lieben, und Sie werden tatsächlich mehr Sie selbst sein.**

Die Engel haben mir immer gesagt, jeder sei in körperlicher Hinsicht schön. Doch so viele Menschen schließen Liebe ein, weil sie einen Teil ihres Körpers unvollkommen finden. Sie hassen ihre Beine, ihre

Nägel, ihre Haare und erkennen, da sie sich auf diesen Teil konzentrieren, ihre Schönheit nicht.

Dem Engel ohne Namen zufolge können wir Liebe freisetzen, die aufgrund von Gefühlen körperlicher Unzulänglichkeit blockiert ist, indem wir unser physisches Selbst anders betrachten und uns erlauben, unsere eigene Schönheit zu sehen. Sie können sich zum Beispiel vor einen Spiegel stellen und sich ansehen – sowohl die Bereiche, die Sie mögen, als auch die Bereiche, die Ihnen missfallen. Beginnen Sie zu erkennen, dass jeder Teil von Ihnen einzigartig und wunderschön ist, und lernen Sie das zu schätzen. Bedanken Sie sich für Ihren wunderbaren Körper. Bitten Sie Ihren Schutzengel darum, Ihnen bei dieser Übung zu helfen und negative Gefühle bezüglich irgendeines Teils Ihres Körpers beiseitezuschieben.

Ich erinnere mich an eine junge Frau, die mich vor vielen Jahren in Maynooth aufsuchte. Ich konnte keine Liebeskraft bei ihr sehen. Sie war sehr unglücklich und liebte sich überhaupt nicht. Sie erzählte mir, dass sie sich hässlich fand und ihr Aussehen hasste. Ihr Schutzengel stand neben ihr und sagte lediglich zu mir: »Sag ihr, was du siehst, Lorna.«

Das tat ich. Ich sagte ihr, welch wunderschöne Augen sie hatte und welch wunderschönes Lächeln. Ich sagte ihr, wie hübsch sie war – und das war sie tatsächlich.

Aber ich wusste, dass es ihr sehr schwerfiel, mir zu glauben. Ihr Schutzengel forderte mich auf, sie zu fragen, ob sie Blumen mochte. Sie sagte, sie liebe sie, und Narzissen seien ihre Lieblingsblumen. Dann wies ihr Schutzengel mich an, ihr zu sagen, dass sie sich selbst auf die gleiche Weise betrachten solle, wie sie eine Narzisse betrachtete. Ich tat, wie er mich geheißen hatte.

Etwa ein Jahr darauf suchte die junge Frau mich erneut auf, und ich erkannte sofort, dass sie sich verändert hatte. Ich sah die Kraft der Liebe wellenartig von ihr ausströmen und wieder zu ihr zurückfließen, sodass sie von der Liebe überflutet wurde, die aus ihrem Inneren stammte. Sie war viel glücklicher und selbstbewusster. Jedes Mal, wenn sie negativ über ihr Aussehen dachte – so erzählte sie mir – erinnerte sie sich an die Schönheit und Vollkommenheit einer Narzisse. Sie hatte ein Foto einer Narzisse in einer Ecke ihres Spiegels angebracht, das ihr dabei half. Sie war so dankbar und sagte mir, sie glaube nicht, dass sie ohne mich noch da wäre. Ich erwiderte, das liege nicht an mir, sie habe vielmehr auf ihren Schutzengel gehört und die nötigen Schritte unternommen, um sich selbst wieder zu lieben.

Sobald Ihnen bewusster wird, wie wichtig es ist, sich selbst zu lieben, können Sie beginnen, an Ereignisse in Ihrer Vergangenheit zu denken, die Sie dazu veranlasst haben, Ihre Liebe einzusperren. Egal ob es Kleinigkeiten oder große Dinge waren, sie haben Sie niedergeschmettert und hindern Sie nun daran, sich selbst zu lieben. Die Vergangenheit lässt sich nicht ändern, aber Sie können Ihre Zukunft verändern, indem Sie diese Ereignisse zur Kenntnis nehmen und sich entschließen, den Schmerz, den sie verursacht haben, freizusetzen. Dem Engel ohne Namen zufolge gibt es verschiedene Möglichkeiten, sich diese Ereignisse bewusst zu machen: Sie können mit jemand anders oder auch laut mit sich selbst darüber sprechen. Oder Sie schreiben einen Brief darüber an sich selbst (oder an jemand anders). Dadurch nehmen Sie die Verletzung zur Kenntnis, die Sie dazu veranlasst hat, Liebe einzuschließen, um sich zu schützen.

Jeder Mensch ist unterschiedlich. Bitten Sie Ihren Schutzengel um Hilfe, damit Sie erkennen, auf welche Weise Sie diese Blockaden am besten beseitigen können. Möglicherweise hilft es Ihnen, eine Kerze anzuzünden. Manche Menschen müssen sich körperlich intensiv betätigen, um eine Verletzung aufzulösen – ihnen könnte es helfen, Kartoffeln auszugraben oder eine lange Strecke schnell zu joggen.

Es ist ein Prozess. Sie müssen Schmerzen und Verletzungen auflösen, die Sie in sich angesammelt haben, und möglicherweise müssen Sie es ein paar Mal wiederholen. Vielleicht erinnern Sie sich an Dinge, an die Sie jahrelang nicht gedacht haben. Dinge, die Ihnen jetzt möglicherweise trivial erscheinen, die Sie aber vor langer Zeit verletzt haben. Der Engel ohne Namen hat mir versichert, dass Sie jedes Mal etwas mehr Liebe freisetzen, wenn Sie gezielt daran arbeiten.

Das Gebet kann natürlich dabei helfen, Liebe freizusetzen. Gott hat eine Verbindung zwischen der Seele und der Liebe geschaffen, um unsere Menschlichkeit zu fördern. Daher ist das Gebet besonders wirksam, um Liebe freizusetzen. Wenn ich eine Woge der Liebe bei jemandem erkenne, sehe ich manchmal, wie sich die Seele aufgrund dieser Verbindung bewegt.

Ich habe den Engel Hosus um ein spezielles Gebet ersucht, das Menschen hilft, die sich selbst gern mehr lieben lernen möchten. Das folgende Gebet hat er mir übermittelt:

*Lieber Gott,*
*bitte hilf mir, das wertvollste Geschenk*
*freizusetzen, das Du mir gegeben hast, die Liebe,*
*das Geschenk der Liebe, das mit meiner Seele*
*verbunden ist.*
*Amen.*

Zwischen dem Gebet und dem Freisetzen von Liebe besteht ein positiver Zyklus. Wenn wir beten, erbitten wir etwas für uns selbst oder für jemand anders, oder wir bedanken uns. Wir hegen liebevolle Gedanken gegenüber uns selbst und anderen. Und dadurch setzen wir mehr Liebe frei. Je mehr Liebe wir freisetzen, desto reiner wird unser Gebet, da wir in der Lage sind, mit mehr Mitgefühl zu beten. Auf diese Weise wird unser Gebet authentischer.

Andere Menschen können Ihnen ebenfalls helfen, Liebe zu befreien. Die Hilflosigkeit, Verletzlichkeit und Vollkommenheit eines neugeborenen Babys hilft Eltern und Großeltern häufig, sich selbst und andere wieder lieben zu lernen. Die Verbindung zu einem Baby kann Menschen helfen, Liebe unbewusst freizusetzen. Vielleicht ist es nur eine kleine Portion, das, was ich als eine Tasse voll Liebe bezeichnen würde, aber es könnte die Liebe dieses Menschen zu sich selbst enorm steigern.

Vor Kurzem habe ich einen siebenjährigen Jungen und dessen kleine Schwester auf einem Spielplatz beobachtet. Das Strahlen seiner Liebe zu sich selbst wurde schwächer, und sein Schutzengel sagte mir, er sei sehr misstrauisch und beschütze seine Liebe. Es werde nicht mehr lange dauern, bis er den größten Teil seiner Liebe verschlossen habe. Seine kleine Schwester, die etwa drei Jahre alt war, strahlte hell vor Liebe.

Als ein anderes Kind auf dem Spielplatz seine kleine Schwester schubste, blieb der Junge einen Moment stehen, und ich fragte mich, ob er ihr helfen würde. Dann sah ich, wie etwas Selbstliebe in ihm freigesetzt wurde, da die Liebe zu seiner kleinen Schwester jedes Zögern besiegte. Er ging zu ihr und legte liebevoll und beschützend den Arm um sie. Seine kleine Schwester hatte ihn unwillkürlich dazu gebracht, mehr Selbstliebe freizusetzen. Es war wunderschön, das zu sehen.

Das Leben ist manchmal hart, sodass wir intuitiv in die Defensive gehen und noch mehr Liebe blockieren. Vor ein paar Tagen rief mich abends ein Mann an. Ich bin mir nicht sicher, wer ihm meine Telefonnummer gegeben hat, jedenfalls sagte er mir, wie sehr ihm meine Bücher geholfen hätten. Er erzählte mir, dass er fünf Kinder im Alter zwischen sechzehn und sieben habe und vor drei Jahren einen guten Job verloren habe. Er mache finanziell eine schwere Zeit durch, so berichtete er weiter, habe aber beschlossen, die freie Zeit zu Hause zu nutzen, um seine Kinder und seine Frau besser kennenzulernen. Er sagte mir, sein Job habe früher stets oberste Priorität gehabt, sodass er nicht viel Zeit mit seiner Familie verbracht habe. Da ich gerade an diesem Kapitel arbeitete, war ich beeindruckt, wie der Mann reagiert hatte. Viele Menschen hätten sich wegen des Jobverlusts völlig fertiggemacht. Sie hätten es persönlich genommen oder anderen die Schuld daran gegeben. Dadurch hätten sie mehr Liebe eingeschlossen und sich selbst und anderen noch mehr genommen. Dieser Mann hatte jedoch das Gegenteil getan.

Wir alle sollten uns bewusst machen, dass wir die Wahl haben, wie wir reagieren, wenn uns schwierige Dinge widerfahren. Es kann eine automatische Reaktion sein, mit Zorn und Hass zu reagieren, aber es ist nie die beste. Wenn wir mit Hass reagieren, sperren wir mehr von unserer eigenen Liebe ein.

Seien Sie sich dessen bewusst, wenn Ihr erster Impuls darin besteht, mit Hass zu reagieren, Sie haben eine Wahl.

Wir haben auch eine Wahl, wenn etwas passiert, das die Allgemeinheit betrifft. Wenn etwas so Schreckliches wie der 11. September geschieht, können wir entscheiden, ob wir mit Hass oder mit Mitgefühl und Verständnis reagieren. Wenn wir mit Hass reagieren, schließen wir mehr von unserer Liebe ein. Liebe, Mitgefühl und Verständnis zu zeigen bedeutet natürlich nicht, keine Gerechtigkeit walten zu lassen oder Menschen nicht zur Verantwortung zu ziehen.

Wenn Sie Ihre Kinder lieben, möchten Sie, dass sie sich selbst so viel wie möglich lieben. Daher werden viele Menschen – Eltern, Großeltern, Lehrer und Freunde – wissen wollen, was sie tun können, damit Kinder ihr Liebesleuchten nicht verlieren und die Liebe nicht einschließen. Der Engel ohne Namen sagt mir Folgendes dazu: Das Erste und Wichtigste, was Erwachsene tun können, ist, mit positivem Beispiel voranzugehen. Je mehr Liebe die Erwachsenen sich selbst und anderen gegenüber zeigen, desto unwahrscheinlicher ist es, dass sie etwas tun werden, das die Kinder dazu bringt, ihre Liebe einzusperren. Daher ist es so wichtig, daran zu arbeiten, sich selbst wieder lieben zu lernen. Es hat nicht nur für Sie eine Bedeutung, sondern auch für alle Menschen in Ihrem Umfeld.

Wir alle haben eine Verantwortung, mit dafür zu sorgen, dass so wenig Liebe wie möglich in Kindern eingeschlossen wird. Kinder sind unsere Zukunft. Und die Welt sollte sich ausschließlich so weiterentwickeln, dass jede Generation liebender und mitfühlender ist als die vorige. So wurde es mir gezeigt. Das ist nur möglich, wenn wir die Kinder in unserem Umfeld unterstützen, sie schützen und ermutigen, damit sie ihre Liebe nicht einschließen müssen.

Manchmal habe ich die Ehre, jemandem zu begegnen, der ein sehr hohes Maß an Liebe hat, und es ist eine große Freude für mich, wenn das geschieht. Vor Kurzem begegnete ich einem älteren Herrn, der eine Wohltätigkeitsorganisation für bedürftige Menschen gegründet hat und leitet. Sowie ich ihn erblickt hatte, wurde ich überwältigt von der Macht der Liebeskraft, die er ausstrahlte. Sie war wie eine kraftvolle Serie von Wellen, die alle in seinem Umfeld berührten und dann zu ihm zurückkehrten und auch ihn überfluteten. Als wir uns die Hand gaben, trat seine Seele hervor, und ich war sehr erfreut und tief berührt von dem, was ich sah. Die Engel hatten mich nicht vorgewarnt. Die Liebe des Mannes sich selbst und anderen gegenüber ist sehr stark. Er hat kein Ego, nur Liebe und Mitgefühl. Als wir miteinander sprachen, sah ich, dass sein Mitgefühl so tief war, dass er nicht einmal Barrieren wahrnahm, die andere sahen. Und auch er selbst baut keine Barrieren auf, indem er andere etwa verurteilt oder bewertet. Er ist ein religiöser Mann mit einem tiefen Glauben an Gott, aber er ist demütig und denkt keineswegs, seine Religion sei besser als andere. Er arbeitet sehr hart – und ich bete dafür, dass ihm körperlich die Kraft geschenkt wird, seine Arbeit fortzuführen.

Die Engel, die ihn umgaben, sagten mir, dieser Mann liebe sich hundertprozentig und sei daher in der Lage, jedem Liebe zu schenken. Diese Liebe manifestiert sich in seinem gesamten Umfeld und seiner Arbeit. Ich glaube, er hat eine positive Wirkung auf jeden, mit dem er in seinem Leben zu tun hat. Aufgrund seiner enormen Liebe zu sich selbst und anderen kann er etwas bewegen. Manchmal bewirkt er dramatische Veränderungen, wenn andere gescheitert sind oder die Hoffnung aufgegeben haben. Ich wünschte, es gäbe mehr Menschen wie ihn in der Wirtschaft, in wohltätigen Organisationen oder der Politik. Wäre es so, würde unsere Welt ganz anders aussehen.

Ich glaube, eine der wichtigsten Aufgaben, die mir übertragen wurden, besteht darin, Liebe in den Menschen hervorzurufen, anderen bewusst zu machen, dass wir unsere Liebe zu uns selbst begrenzen, indem wir sie einschließen. Ich glaube, es ist kein Zufall, dass ich einen Monat bevor ich dieses Kapitel schrieb, diesem Mann begegnet bin, von dem ich gerade berichtet habe. Er ist ein Symbol der Hoffnung für uns alle.

Die meisten von uns sind vielleicht nicht in der Lage, das Maß der Liebe zu erreichen, über das dieser Mann verfügt. Aber ich glaube, dass wir alle das Potenzial haben, uns selbst und andere viel mehr zu lieben. Wenn wir uns entschließen, mehr zu lieben, werden wir mehr Glück und Freude in unserem Leben erfahren und besser in der Lage sein, unsere einzigartige Rolle zu spielen, um eine liebevollere und friedlichere Welt zu schaffen.

Kapitel 3

# Das Band der Geschwisterliebe

Ich bin eins von neun Kindern, fünf Jungen und vier Mädchen. Mein Bruder Christopher starb, kurz bevor ich geboren wurde. Ich liebe alle meine Geschwister, obwohl ich sie nicht so oft sehe.

Als kleines Kind fühlte ich mich in meiner Familie bis auf ein paar Ausnahmen als Außenseiterin. An Familienfesten oder Ausflügen durfte ich nicht teilnehmen. Meine Eltern glaubten den Ärzten, die sagten, ich wäre »zurückgeblieben«, und befürchteten wohl, ich würde etwas tun, das ihnen peinlich wäre. Wenn ich ausgeschlossen wurde, sagten mir die Engel, die gerade bei mir waren, meine Familie wisse es nicht besser, und ich solle es nicht persönlich nehmen. Ich kann mich beim besten Willen nicht daran erinnern, sie je in eine peinliche Lage gebracht zu haben – abgesehen davon, dass ich in meiner eigenen Welt lebte. Die Engel waren für mich interessanter als die Menschen in meinem Umfeld – einschließlich meiner Geschwister. Und so tat ich, was die Engel mir auftrugen, und schwieg über das, was ich sah. Fairerweise muss ich daher sagen: Meine Familie wusste zwar, dass ich anders war, konnte mich aber einfach nicht verstehen.

Zum ersten Mal lehrten die Engel mich etwas über die Liebe unter Geschwistern, als ich acht oder neun Jahre alt war. Wir lebten damals in Ballymun und gingen sehr gern in den verschiedenen Wohnsiedlungen spazieren. Dabei wurden wir stets von Engeln begleitet.

Eines sonnigen Tages begleitete mich der Engel Hosus. Als wir zu einer Grünfläche kamen, ließ ich mich auf seinen Vorschlag hin nieder und genoss die Sonne. Ich hatte ein paar Minuten dort gesessen, als ich drei Mädchen aus einem Haus herausstürmen sah. Sie rannten über die Straße zur Grünfläche. Sie waren etwa sechs bis zehn Jahre alt. Sie sahen sich sehr ähnlich und waren offensichtlich Schwestern.

Fröhlich spielten sie ein paar Minuten lang Fangen und begannen dann ein Spiel, bei dem sie in die Hände klatschten und um die eigene Achse wirbelten. Ich kannte das Spiel nicht, und auch seither habe ich es niemanden mehr spielen sehen – vielleicht haben die Schwestern es selbst erfunden. Daher weiß ich nicht, wie es heißt, aber die Mädchen hatten offensichtlich großen Spaß dabei.

Neben ihren Schutzengeln waren sechs Engel anwesend, die mit den Kindern spielten. Sie hatten keine männliche oder weibliche Erscheinung. Ich konnte ihre Flügel schwach erkennen, als wären sie ein mit feinem Bleistift gezeichneter Umriss. Diese Engel leuchteten mit einem sanften rosafarbenen Licht, das voller Tiefe und gleichzeitig durchsichtig war, auch wenn das schwer vorstellbar ist. Sie bewegten sich anmutig zwischen den Kindern und blickten dabei überaus fürsorglich und liebevoll drein.

Lassen Sie mich Ihnen ein paar Dinge über die Engel erklären. Engel sind weder männlich noch weiblich, aber manchmal zeigen sie sich mir in einer männlichen oder weiblichen Gestalt. Ich sehe Engel auf eine körperliche Weise, so wie ich Menschen sehe, und ich sehe sie ständig. Die Engel zeigen sich mir in einer menschlichen Gestalt, um es mir leichter zu machen. Daher bin ich in der Lage, sie Ihnen zu beschreiben. Aber ehrlich gesagt ist es sehr schwer, sie zu beschreiben, da sie unglaublich schön sind. Schutzengel sehe ich auf eine etwas andere Weise als andere Engel. Bis ich etwa fünf Jahre alt war, sah ich hinter jedem Menschen einen Schutzengel. Da Schutzengel jedoch extrem hell sind – und viel stärker blenden als irgendein anderer Engel –, fand ich das sehr verwirrend. Als ich fünf Jahre alt war, sagten die Engel mir daher, dass mir die Schutzengel künftig als helle Lichtsäule hinter einer Person gezeigt würden. Ein Schutzengel werde sich nur öffnen und sich – wie ich es nenne – in seiner ganzen Herrlichkeit offenbaren, wenn es dafür einen Grund gebe. Ich sehe andere Engel nach wie vor mit ihrer ganzen körperlichen Gestalt. Nur die Schutzengel sehe ich meistens als Lichtsäule.

An diesem Tag imitierten die Engel die kleinen Mädchen. Sie wirbelten auf die gleiche Weise um die eigene Achse, und wenn einem der Mädchen schwindlig wurde und es hinfiel, ließ sich einer der Engel ebenfalls fallen. Manchmal fiel ein Engel auch einfach so hin. Die Füße eines Engels berühren den Boden nicht, und so berührten auch diese Engel den Boden nicht wirklich, wenn sie hinfielen. Hin und wieder tat ein Engel so, als sei ihm schwindlig und als habe er sein Gleichgewicht verloren. Dann bewegte er sich wankend in Schlangenlinien zwischen den Mädchen hindurch, die gerade so taten, als wären sie betrunken. Die Engel hatten ein besonderes Auge auf das kleinste Mädchen. Sie fingen es auf, wenn es zu Boden fiel, damit es weicher landete und sich nicht verletzte.

Ich saß einfach da, freute mich über das, was ich sah, und bedankte mich im Stillen bei den Schutzengeln der Mädchen – die natürlich da waren und sie nie verließen –, dass sie den anderen Engeln erlaubten, auf die Kinder aufzupassen. Dann fragte Hosus mich, ob mir irgendetwas Eigenartiges aufgefallen sei. Doch ich hatte nichts bemerkt. Er forderte mich auf, erneut das kleinste Mädchen anzusehen. Da öffnete sich ihr Schutzengel und zeigte mir eine weibliche Erscheinung. Er trug einen wunderbar fließenden Umhang in sämtlichen Regenbogenfarben. Er stand über das Mädchen gebeugt und hatte seine Arme um das Kind gelegt. Der Engel hatte wunderschöne goldene Hände, die er vor dem Mädchen verschränkt hielt.

Ich saß ein paar Minuten dort, und gerade als ich aufstehen wollte, kam ein Engel zu mir, der leicht rechts hinter mir blieb. Es war der Engel ohne Namen, und wie immer konnte ich ihn nicht richtig sehen, da ich körperlich nicht in der Lage war, mich umzudrehen.

Er forderte mich auf, die drei Schwestern weiterhin zu beobachten. Die beiden älteren Schwestern hatten großen Spaß. Ich konnte die Kraft der Liebe zwischen ihnen strömen sehen. Ich spürte, wie der Engel meine beiden Hände berührte und drei Finger einer Hand umbog, sodass sieben Finger ausgestreckt blieben. Er sagte mir auf diese Weise, dass die Liebe zwischen den beiden Schwestern eine Intensität der Stärke sieben hatte.

Dann wies der Engel mich an, die älteste und die jüngste Schwester zu beobachten. Das tat ich und stellte fest, dass ich keine Liebeskraft zwischen ihnen strömen sah. Ich bemerkte erst jetzt, dass das jüngste Mädchen von den anderen beiden ignoriert wurde, obwohl es hinter ihnen herrannte und sich nach Kräften bemühte, am Spaß teilzuhaben.

Dieses Mal berührte der Engel nur eine meiner Hände und bog drei Finger um, sodass nur ein Finger plus Daumen ausgestreckt blieb. Der Engel sagte mir so, die Intensität der Liebe zwischen der jüngsten und der ältesten Schwester betrage zwei.

Ich war sehr traurig, dass sie sich nur so wenig liebten, und fragte, warum das so sei. Der Engel ohne Namen sagte mir, die älteste Schwester habe als Kleinkind keine liebevolle Verbindung zur Jüngsten aufgebaut. Er sagte mir zudem, die Art und Weise, wie eine Familie mit einem neugeborenen Kind umgehe und es aufnehme, habe einen sehr großen Einfluss auf die künftige Beziehung zu seinen Geschwistern.

Obwohl ein neugeborenes Baby reine Liebe ist, kann es diese Liebe nicht ausstrahlen. Das hat es noch nicht gelernt, genauso wenig wie es das Laufen gelernt hat. Die Liebe ist in seinem Inneren, aber es weiß nicht, wie es sie äußern kann. Wenn eine Mutter (oder jemand anders) liebevoll mit dem Baby umgeht, ruft die Kraft ihrer Liebe die Liebe des Babys hervor.

Lassen Sie mich Ihnen erzählen, was ich in der Coombe-Entbindungsklinik erlebt habe, als meine Tochter Ruth zum ersten Mal ihre neugeborene Schwester Megan sah. Meine drei älteren Kinder waren bereits Teenager und reagierten ziemlich geschockt angesichts der Vorstellung, ein Baby in der Familie zu haben. Als sich die zwölfjährige Ruth recht unsicher dem Kinderbettchen neben meinem Bett näherte, sah ich eine Woge reiner Liebe aus ihr hervorbrechen, die auf das etwa einen Meter von ihr entfernte Baby gerichtet war. Als diese Welle der Liebe Megan berührte, kam die Liebe in ihr zum Vorschein und verband sich mit Ruths Liebe.

Während ich an jenem Tag auf der sonnigen Grünfläche die drei Geschwister beobachtete, erlaubte der Engel ohne Namen mir zu verstehen, was geschehen war, als das jüngste Kind ein Neugeborenes war. Ich konnte seine reine Liebe spüren, aber ich nahm keine auf seine ältere Schwester gerichtete Welle der Liebe bei ihm wahr. Der Engel sagte mir nicht, warum die Dinge sich so ereignet hatten, aber aus irgendeinem Grund hatten dieses Baby und seine Schwester – anders als es eigentlich sein sollte – in ihrem frühen Leben keine Verbindung zueinander aufgebaut. Daher hatte die Liebe zwischen ihnen nur eine sehr geringe Intensität.

Der Schutzengel des jüngsten Mädchens sagte mir, es bemühe sich weiterhin darum, die Verbindung aufzubauen. Immer wieder versuche es, seine älteste Schwester mit seiner Liebe zu erreichen. Ich habe keine Ahnung, ob es ihm schließlich gelungen ist. Die Engel sagen mir, dass diese Verbindung später im Leben entstehen kann, aber dafür müssen sich beide Geschwister bewusst entscheiden, in gegenseitiger Liebe zu wachsen.

Eines Tages suchte mich eine Familie mit drei Kindern auf. Das jüngste war ein sechs Monate altes Baby, das mit einem Geburtsfehler geboren worden war. Die Ärzte sagten, es werde nicht lange auf dieser Welt bleiben. Es war, als würde die Kraft der Liebe, die von allen ausging, die Familie wie eine Wolke einhüllen. Am schönsten war es, die stetige Welle der Liebe zu sehen, die von dem siebenjährigen Jungen und dem dreijährigen Mädchen auf ihre kleine Schwester gerichtet war. Als das Baby vom Krankenhaus nach Hause gebracht worden war, hatte man den beiden gesagt, es sei sehr krank und werde nicht lange bleiben. Die Liebe der älteren Geschwister zu diesem kleinen Baby auf dem Schoß ihrer Mutter war so stark, dass sie geradezu elektrisch wirkte.

Ich sah das kleine Mädchen und seine Familie ein paar Mal, und jedes Mal war ich tief berührt von der tiefen Liebe zwischen dem Baby und seinen älteren Geschwistern.

Das Kind starb vor seinem ersten Geburtstag, und die Geschwister betrauerten es sehr. Aber sie waren tief durch die Liebe zu ihrer kleinen Schwester berührt worden und bewahrten die Erinnerung an diese Liebe in ihren Herzen. Sie hatten gelernt, intensiv zu lieben, und würden dies nie mehr vergessen. Es würde ihnen helfen, zu Erwachsenen zu werden, die zu einer enormen Liebe fähig sind. Überdies stärkte diese gemeinsame Erfahrung die Verbindung zwischen den hinterbliebenen Geschwistern ungemein.

Mir werden Familien gezeigt, die durch einen Faden miteinander verbunden sind. Ich möchte versuchen, Ihnen das zu erklären, indem ich Ihnen beschreibe, was ich letzte Woche gesehen habe, als meine beiden Töchter mit meinem Schwiegersohn und meinem Enkel bei mir waren.

Ich sah einen Faden, der durch meine beiden Töchter und mich hindurchlief und uns in einem Kreis miteinander verband. Meine beiden Söhne waren nicht anwesend, daher dehnte sich der Kreis an diesem Tag nicht bis zu ihnen aus. Wären sie körperlich da gewesen, hätte der Kreis sie mit eingeschlossen. Der Faden dehnte sich nicht zu meinem Schwiegersohn und meinem Enkel aus. Ruth, ihr Mann und ihr Kind waren durch einen separaten Faden miteinander verbunden.

Ich sehe solche Fäden um alle eng miteinander verwandten Familienmitglieder. Wir alle wissen, dass wir das gleiche Blut wie unsere Geschwister haben, aber mir wird durch diesen Faden auch eine tiefe Liebesverbindung gezeigt. Diese Verbindung ist völlig anders als die Beziehung zwischen Freunden. Sie existiert unser gesamtes Leben lang, selbst wenn wir wenig Kontakt miteinander haben.

Gelegentlich sieht der Faden zu einem bestimmten Familienmitglied sehr dünn aus, fast unsichtbar. Das kann extrem schmerzlich für die ausgeschlossene Person und für die gesamte Familie sein. Manchmal kommt es dazu, weil keine Liebesverbindung aufgebaut wurde, als die betroffene Person ein Baby war. Doch zum Teil haben wir auch eine Wahl. Ich erinnere mich zum Beispiel an eine Begegnung, als ich im Alter von etwa 16 Jahren einmal in einem überfüllten Warteraum im Jervis-Street-Krankenhaus in Dublin saß. Eine junge, circa zwanzigjährige Frau setzte sich neben mich. Sie begann mit mir zu reden, als würde sie mich kennen. Sie sagte, welch große Abneigung sie gegen Bluttests habe, und beklagte sich über die langen Wartezeiten.

Der Engel ohne Namen tauchte hinter mir auf. Wie immer konnte ich ihn nicht richtig sehen. Dann erschienen zwei Engel neben der jungen Frau. Sie trugen eine rötliche Rüstung und standen bewegungslos da wie diensthabende Soldaten. Ich fragte mich, was los war. Die junge Frau sprach weiterhin mit mir. Sie erzählte mir, sie hasse ihren Bruder und ihre Schwester und könne es gar nicht erwarten, von zu Hause auszuziehen, um von ihnen fortzukommen. Ich war ziemlich entsetzt über ihre Ausdrucksweise, aber der Engel bei ihr sagte mir, ich solle das ignorieren: Es sei für sie die einzige Möglichkeit, ihre Frustration zum Ausdruck zu bringen.

Sie schimpfte weiter über ihre Geschwister und sagte, sie hasse sogar ihren Anblick. Ihr abgrundtiefer Hass bestürzte mich. Der Engel ohne Namen forderte mich ohne Worte auf, ihr die folgende Frage zu stellen: »Lieben Sie sie denn nicht ein klein bisschen?« Ich holte tief Luft und stellte mich darauf ein, wüst beschimpft zu werden, dann fragte ich sie.

Sie blitzte mich an und stieß wütend hervor: »Nicht im Geringsten.« Sie war sehr böse auf ihre Geschwister und auf mich nun ebenfalls.

Jeder der beiden Engel neben ihr legte eine Hand auf ihre Schulter, wie um sie zu beschwichtigen. In diesem Moment rief eine Krankenschwester ihren Namen auf. Sie verließ den Raum, ohne sich zu verabschieden oder mich auch nur eines Blickes zu würdigen.

**Die Verbindung zwischen Geschwistern ist völlig anders als die Beziehung zwischen Freunden. Sie existiert unser gesamtes Leben lang, selbst wenn wir wenig Kontakt miteinander haben.**

Der Engel ohne Namen sagte mir, dass ihre Geschwister sie liebten und sie nie absichtlich verletzt hatten. Ich war sehr traurig angesichts ihrer mangelnden Liebe. »Lässt sich das nicht ändern?«, fragte ich. »Kann sie nicht lernen zu lieben?«

Der Engel ohne Namen antwortete: »Sie trägt die Liebe in sich, aber sie hat sie eingeschlossen. Das muss sie erkennen und sich dafür entscheiden, sie freizusetzen. Durch deine Frage hast du ihr das Fehlen der Liebe bewusst gemacht. Daher wurde sie so wütend auf dich. Aber nun ist sie sich ihrer mangelnden Liebe bewusst, und sie hat eine Wahl. Sie kann sich dafür entscheiden, die Liebe zwischen sich und ihren Geschwistern wachsen zu lassen oder ihr Herz weiterhin verschließen. Es ist ihre Entscheidung.«

In diesem Augenblick forderte der Engel ohne Namen mich auf, einzugreifen und der jungen Frau dabei zu helfen, etwas von der eingesperrten Liebe freizusetzen. Wir werden oft von Engeln gebeten, Botschaften an einen anderen Menschen weiterzuleiten, aber ich spreche hier über etwas viel Größeres. Es ist, als würden wir bei solchen Gelegenheiten – ohne uns dessen bewusst zu sein – darum gebeten, unsere Liebe hervorkommen zu lassen und so die Liebe zu berühren, die im Herzen eines anderen Menschen eingeschlossen ist. Berühren wir sie mit unserer Liebe, ist es so, als würden wir einen Schlüssel im Schloss umdrehen, um die Liebe zu befreien, die in dieser Person eingesperrt ist. Das geschieht natürlich nicht nur in Geschwisterbeziehungen, sondern es kann überall dort dazu kommen, wo die Liebe eingeschlossen ist.

Wir alle haben die Wahl, eine Verbindung zu unseren Geschwistern herzustellen. Egal welche Meinungsverschiedenheiten wir auch hatten, es ist nie zu spät.

Vor ein paar Jahren unterhielt ich mich mit der Freundin einer Freundin. Sie war etwa Mitte dreißig und sprach weinend über ihre Beziehung zu ihren Geschwistern. Hinter ihr stand ihr Schutzengel, groß und kerzengerade, mit ausgestreckten Armen, als würde er sie beschützen. Der Schutzengel trug etwas, das wie eine flaschengrüne Rüstung aussah. Sie schien aus langen dünnen Rechtecken aus einem metallähnlichen Material zu bestehen.

Die Frau erzählte mir, sie stamme aus einer großen Familie und liebe ihre Geschwister sehr. Aber diese machten sie, ihren Mann und ihre Kinder ständig schlecht. Ihr zufolge ging das schon jahrelang so, und es setzte ihr extrem zu. Sie sagte, sie würde alles für ihre Geschwister tun und gehe ständig auf sie zu, aber all ihre Versuche würden abgewiesen. Egal was sie probierte, nichts schien zu funktionieren.

Aber sie wollte nicht aufgeben, sondern alles tun, was sie konnte, um bessere Beziehungen zu ihren Geschwistern aufzubauen. Daher bat sie mich, um ein Wunder für sie zu beten.

In den letzten Jahren habe ich gelegentlich an sie gedacht und ein Gebet für sie und ihre Geschwister gesprochen.

Vor Kurzem habe ich sie getroffen, und ich wusste sofort, dass sich etwas verändert hatte. Nicht nur sah sie viel glücklicher aus, auch ihr Schutzengel trug nun eine Rüstung, die weich und flexibel wirkte statt starr und abweisend.

Die Menschen möchten stets gern wissen, wie ihr Schutzengel aussieht. Tatsächlich aber kann sich die Erscheinung, die ein Schutzengel mir zeigt, verändern, je nachdem, was im Leben der Person passiert, die er beschützt, und welche Botschaft er vermitteln will. In diesem Fall zeigte der Schutzengel mir, dass die Frau nachgiebiger geworden war und ihre Verteidigungshaltung aufgegeben hatte.

Ihre Mutter war an einer Krankheit gestorben, und in dem Jahr, als die Familie sich um sie gekümmert hatte, schien die Kälte zwischen der Frau und ihren Geschwistern abzunehmen. Sie hatten sich besser kennengelernt und wussten einander nun mehr zu schätzen.

Ihr Schmerz und Kummer angesichts der Krankheit und des Todes ihrer Mutter hatte sie weicher und offener werden lassen, sodass die Liebe, die sie füreinander empfanden, wieder auflebte.

Trauer und Schmerz im Zusammenhang mit dem Tod eines Elternteils, eines Bruders oder einer Schwester können ein unerwartetes Geschenk mit sich bringen und Familien helfen, einander näherzukommen. Gemeinsame Erlebnisse gelangen möglicherweise wieder ins Gedächtnis und erinnern die Familienmitglieder an die Liebe, die sie in der Vergangenheit füreinander empfanden. Manchmal geschieht dies im Laufe der Jahre nach einem Todesfall und nicht in der unmittelbaren Phase danach.

Den Engeln zufolge wünschen Eltern sich, dass ihre Kinder einander nach ihrem Tod mehr lieben und stärker zusammenhalten. Es klingt vielleicht seltsam, aber diejenigen, die in den Himmel gegangen sind, können mehr für die geliebten Menschen auf der Erde tun, als sie es je vermochten, während sie hier waren. Die Eltern bemühen sich vom Himmel aus weiter darum, die Geschwister zu vereinen. Dies geschieht auf zweierlei Weise: Sie können wirksamer mit Gott für ihre Kinder beten, wenn sie im Himmel sind. Und sie können auch bei ihren Kindern sein, wenn sie gebraucht werden, etwa indem sie Geschwistern und anderen Familienmitgliedern Botschaften übermitteln, um sie dabei zu unterstützen, Streitigkeiten beizulegen und die Geschwister einander näherzubringen.

Natürlich hat nicht jeder Geschwister. Manche Menschen sind Einzelkinder. Manchmal sehe ich einen stärkeren Faden zwischen Eltern und einem Einzelkind, und ich weiß, dass das hilfreich sein kann, aber in der Realität werden die Eltern wahrscheinlich vor dem Kind in den Himmel kommen und es ohne nächste Verwandte zurücklassen. Ich bin vielen Einzelkindern begegnet, die starke Verbindungen zu

Freunden aufbauen und auf diese Weise Ersatzbrüder und -schwestern erhalten.

Viele von uns mit Geschwistern schätzen nicht, was sie haben. Häufig machen wir uns nicht bewusst, wie sehr wir sie lieben, bis es zu spät ist. Und selbst wenn es uns bewusst ist, haben wir oft nicht den Mut, oder es ist uns peinlich, zu unseren Geschwistern zu sagen: »Ich liebe dich.«

Vor ein paar Jahren kam während einer Signierstunde in Schottland ein etwa vierzigjähriger Mann auf mich zu und setzte sich neben mich. Sein Schutzengel hielt ihn sehr fest; die Flügel des Engels hatten einen wunderschönen Rotton und waren um den Mann gelegt. Der Engel ohne Namen tauchte auf meiner rechten Seite, leicht hinter mir, auf, als der Schutzengel des Mannes mich bat, dem Mann etwas zusätzliche Zeit für ein Gespräch einzuräumen.

Der Mann ergriff meine beiden Hände und erzählte mir von seinem jüngeren Bruder Paul, der bei einem Autounfall ums Leben gekommen war. Paul war viel jünger als er; und als er geboren wurde, war der Mann gerade von zu Hause ausgezogen, um an der Universität zu studieren. Er erzählte mir, dass er Paul kaum beachtet hatte. Er hatte nie Zeit mit ihm verbracht oder mit ihm gespielt – obwohl Paul ihn immer wieder darum gebeten hatte. Ihm war nicht bewusst gewesen, dass er Paul liebte, bis dieser sein Leben verloren hatte, und nun war der Mann völlig niedergeschmettert und bedauerte sein Verhalten.

Der Engel ohne Namen übermittelte mir eine Botschaft für ihn: »Paul liebt Sie«, sagte ich. »Er möchte, dass ich Sie an all die Male erinnere, als er eilig die Tür öffnete, wenn Sie nach Hause kamen, um Sie mit einem freudigen Lächeln zu begrüßen.«

Der Mann sah mich an, dabei rannen Tränen sein Gesicht hinab. »Warum habe ich seine Liebe zu mir nie gesehen? Warum wusste ich nicht, dass ich ihn liebte? Ich bedauere zutiefst, dass ich ihm nie gesagt habe, dass ich ihn liebte.«

Der Mann schwieg einen Moment lang. Dann fuhr er fort: »Ich habe ihn wirklich geliebt, Lorna, und nun ist es zu spät. Ich kann nichts mehr tun.«

Ich hielt seine Hand ganz fest und sagte zu ihm: »Doch, das können Sie. Denken Sie an Paul und sagen Sie ihm, dass Sie ihn lieben; er wird Sie hören.«

Ich segnete ihn und betete für ihn und bat darum, dass sein Schmerz gelindert würde. Doch ich weiß, dass der Schmerz nie ganz verschwinden wird.

Denken Sie daran, Ihren Geschwistern zu zeigen, dass Sie sie lieben, und wenn Sie können, nehmen Sie Ihren Mut zusammen und sagen Sie ihnen von Angesicht zu Angesicht, dass Sie sie lieben.

Kapitel 4

# Freundschaft ist Liebe

Viele Menschen wollen nicht einsehen, dass Freundschaft Liebe sein kann, und einige werden fragen, warum ein Kapitel über Freundschaft in einem Buch über die Liebe enthalten ist.

Die Engel sagen mir, dass viele Menschen erst erkennen, wie sehr sie einen Freund geliebt haben, wenn es zu spät ist. Häufig spielen wir Freundschaften herunter, begrenzen sie und lassen die Liebe darin nicht wachsen. Die Engel haben mir zudem gesagt, es wäre ein großer Schritt, wenn wir uns selbst und unseren guten Freunden gegenüber zugeben könnten, dass wir sie lieben; dann wäre unser Leben erfüllter und glücklicher.

Gestern fuhr ich in die nahe gelegene Stadt Kilkenny und dachte dabei darüber nach, wie ich dieses Kapitel über die Freundschaft schreiben könnte. Es war Sonntag, und in der Stadt herrschte ein geschäftiges Treiben. Der Engel ohne Namen erschien und lenkte meine Aufmerksamkeit auf eine große Gruppe von Teenagern. Es waren etwa acht Mädchen und drei Jungs. Dieser Engel sagte mir, die Engel würden die Gruppe etwas über Freundschaft und Liebe lehren und sie gleichzeitig auch mir verständlicher machen.

Ich beobachtete einen etwa sechzehnjährigen Jungen, der sich mit den Mädchen unterhielt. Sein Schutzengel hatte eine männliche Erscheinung und trug rote Kleidung, die ständig in Bewegung zu sein schien. Der junge Mann war der Größte in der Gruppe, aber sein Schutzengel überragte ihn. Er sprach leise zu mir: »Siehst du, dass dieser junge Mann keine Schutzmauer hat, Lorna?«

Als der Engel das sagte, gestikulierte er mit seinen Händen rings um den Körper des jungen Mannes, als wolle er demonstrieren, dass dieser keine Mauer um sich herum aufgebaut hatte. Ich blickte von dem jungen Mann zu den Mädchen und sah etwas, das ich noch nie in meinem Leben gesehen hatte. Es war, als hätten die Mädchen eine Barriere vor sich errichtet, die vom Kopf bis zu den Zehen reichte, so ähnlich wie ein Schild, den ein Polizist bei Ausschreitungen vor sich hält. Zunächst dachte ich, es sei nur *eine* Barriere, die alle Mädchen schützte, aber dann erkannte ich, dass es lediglich so aussah, weil die Mädchen so dicht beieinander waren. Jedes Mädchen hatte eine eigene Barriere vor sich.

Der junge Mann war der Einzige, der keine Barriere errichtet hatte, keinen Schutzschild hochhielt. Sein Schutzengel sagte mir: »Er ist offen und bereit dafür, Freundschaft in seinem Leben zuzulassen. Er ist überzeugt und glücklich, dass diese Mädchen seine Freundinnen sind. Er hat keine romantische Beziehung im Sinn. Er ist einfach glücklich, mit ihnen hier zu sein, und fühlt sich geehrt, dass sie seine Freundinnen sind.«

Ich fragte den Engel ohne Namen, was es mit den Barrieren vor den Mädchen auf sich hatte. Mir wurde gesagt, dass sie sich zwar für Freundinnen hielten, aber die Barrieren nicht hatten fallen lassen, sodass daraus keine wahre Freundschaft erwachsen konnte. Es war eine Freundschaft, die an Bedingungen geknüpft war. Der Engel sagte, sie hätten Angst, ihr wahres Selbst zu offenbaren. Sie hätten Angst davor, ein Risiko einzugehen und ihren Freunden zu zeigen, wer sie wirklich waren und was sie wirklich dachten.

Der Engel sagte mir zudem, diese Gruppe von jungen Leuten sei eine sichere Gruppe, in der sie ihre Barrieren fallen lassen und etwas über die Freundschaft lernen könnten. Ihre Schutzengel ermunterten sie dazu, nicht länger nur flüchtige Bekannte zu sein, sondern wahre Freunde zu werden. Wenn sie zuließen, dass sich eine wahre Freundschaft entwickelte – so wurde mir gesagt –, würden sie einander in den letzten Schuljahren helfen und sich gegenseitig bei den Prüfungen sowie beim Prozess des Erwachsenwerdens unterstützen.

Freundschaft ist ein Risiko für uns alle, in jedem Alter, nicht nur für Teenager. Unser wahres Selbst zu zeigen ist ein Risiko. Aber es ist ein lohnendes Risiko. Freundschaft ist enorm wichtig. Wir sollten sie wachsen lassen und sie fördern, denn wir alle sehnen uns danach.

**Wenn wir uns selbst und unseren guten Freunden gegenüber zugeben könnten, dass wir sie lieben, wäre unser Leben erfüllter und glücklicher.**

Der Engel ohne Namen forderte mich auf, zu den zwei jungen Frauen zu schauen, die in einem kleinen Abstand hinter dem Rest der Gruppe hergingen und sich angeregt miteinander unterhielten. Ich konnte die Barriere vor ihnen sehen, aber gelegentlich verschwand sie vor einer von ihnen. Es faszinierte mich, und ich freute mich darüber, dass diese junge Frau ihre Barriere fallen ließ. Sie machte zögernd die ersten Schritte, um eine wahre Freundin zu werden. Als die Mädchen an mir vorbeikamen, sprach ich ein Gebet dafür, dass sie und die gesamte Gruppe lernen mögen, ihre Barrieren fallen und wahre Freundschaften entstehen zu lassen.

Freundschaften fördern unsere persönliche Entwicklung und lassen uns fürsorglicher und verständnisvoller werden. Ich konnte das beim Leiter eines Supermarkts beobachten, in dem ich viele Jahre eingekauft habe. Als ich vor ein paar Jahren wieder einmal dort einkaufte, war der Leiter von Engeln umgeben. Diese sagten mir, ein neuer junger Mitarbeiter stelle seine Geduld regelmäßig auf die Probe. Doch der Supermarktleiter war in der Lage, damit umzugehen, weil er im Laufe der Jahre etwas Wichtiges über die Freundschaft gelernt hatte.

Den Engeln zufolge hatte er sich seinen Mitarbeitern überlegen gefühlt, als er vor mehr als zehn Jahren die Leitung des Supermarkts übernommen hatte. Die Arbeit war für ihn kein Ort für Freundschaften gewesen, und er hatte nicht geglaubt, dass irgendeiner seiner Angestellten ihm auf einer freundschaftlichen Basis etwas zu bieten hatte. Er war den Mitarbeitern gewiss nicht als Freund begegnet und war ein ziemlich unpersönlicher und reservierter Chef gewesen.

Doch eines Tages, als er circa sechs Monate in dem Geschäft war, machte er einen großen Fehler bei einer Bestellung und fürchtete, seinen Job zu verlieren. Da kam einer seiner Mitarbeiter auf ihn zu und sagte ihm, er solle sich keine Sorgen machen. Er und ein paar andere Kollegen würden ihm helfen, das Problem zu beheben. Das taten sie auch. Den Engeln zufolge baute der Mann zum ersten Mal seine Barrieren ab und gab der Freundschaft an seinem Arbeitsplatz Raum.

Durch seine Freundschaften in der Arbeit entwickelte er großes Verständnis für viele verschiedene Menschen. Die Engel sagten mir, dass die Freundschaft uns hilft, Fragmente der Welt mit den Augen anderer Menschen zu sehen. Das öffnet uns für die Tatsache, dass unsere Perspektive möglicherweise nicht die einzige ist und in der Tat falsch sein kann. Die Freundschaft lässt uns mitfühlender werden und macht uns auf unsere eigenen Fehler aufmerksam. So lernen wir eher, anderen Menschen eine Chance zu geben. Der Leiter des Supermarkts hatte viel gelernt, daher hatte er große Geduld mit dem neuen Mitarbeiter, obwohl dieser ihm gehörig auf die Nerven ging.

Ich muss zugeben, dass meine eigenen Erfahrungen mit der Freundschaft sehr begrenzt sind. Egal wie häufig oder wie intensiv ich auf andere zugehe, um Freundschaften zu schließen, die Engel lassen es nicht zu. Wenn ich jemanden kennenlerne und dieser Mensch mir seine Freundschaft anbietet, sagen die Engel mir manchmal, ich könne diese Freundschaft nur für eine kurze Zeit, bis zu einer bestimmten Tiefe haben und müsse den anderen Menschen dann weiterziehen lassen. Die Engel haben mir nie ganz erklärt, warum ich nicht mehr Freunde haben darf, daher habe ich keine Ahnung, warum das so ist.

Natürlich werde ich durch die ständige Gesellschaft der Engel getröstet, und ich erachte den Engel

Michael, der in Wirklichkeit der Erzengel Michael ist, sowie den Engel Hosus als meine besten Freunde. In dieser Hinsicht bin ich daher gesegnet.

Aufgrund der fehlenden Freunde in meinem Leben habe ich großes Verständnis für das Gefühl der Einsamkeit und nehme großen Anteil daran. Die Einsamkeit zerreißt uns das Herz, und es ist besonders traurig, dass Einsamkeit meistens unnötig ist. Die Menschen können so viel tun, um ihre Einsamkeit zu überwinden.

Ich erinnere mich in diesem Zusammenhang an eine bestimmte Frau, die mich einmal um Hilfe bat. Wir trafen uns bei Bewley's in der Grafton Street in Dublin. Sie war etwa Mitte vierzig. Ich wusste, dass sie verheiratet war, aber sie erwähnte keine Kinder und sagte mir, sie sei sehr einsam. Ihr Schutzengel stand hinter ihr. Er hatte eine weibliche Erscheinung und schien sehr breit zu sein, sodass er mehr Raum einnahm, als es bei Schutzengeln normalerweise der Fall ist. Er trug ein sehr feminines, mauve- und rosafarbenes Gewand. Ich konnte lange Strähnen von feinem blondem Haar erkennen – es ist ziemlich ungewöhnlich, dass ich das Haar eines Engels auf diese Weise sehe. Das Gesicht des Engels drückte enormes Mitgefühl aus. Dieser Schutzengel sagte mir, ich solle der Frau vorschlagen, einem Verein beizutreten. Ich tat, wie er mich geheißen hatte.

Die Frau war angesichts dieses Vorschlags entsetzt. Ihrer Meinung nach traten nur erbärmliche, bemitleidenswerte Leute einem Verein bei. Ich wusste, dass sie sehr schüchtern war und es ihr an Selbstvertrauen mangelte, aber sie war auch sehr voreingenommen gegenüber den Menschen, die ihr in einem Verein begegnen würden. Wir unterhielten uns noch eine Weile, und ehrlich gesagt wusste ich nicht, ob sie aktiv die nötigen Schritte tun würde, um ihre Einsamkeit zu überwinden.

Etwa ein Jahr später schrieb sie mir ganz unerwartet eine SMS. Sie hatte den Rat tatsächlich befolgt und war einem Gartenverein beigetreten. Ihr zufolge war es das Beste, was sie je getan hatte. In der SMS teilte sie mir außerdem mit, sie habe viele Freunde gefunden. Ich sprach ein kleines Dankesgebet dafür, dass sie auf ihren Schutzengel gehört hatte.

Viele Menschen richten sich zu stark auf ihre Familie aus, um ihre Einsamkeit zu überwinden, aber Sie brauchen auch Freunde – Menschen, die unterschiedliche Interessen haben und sich mit anderen Dingen befassen. Freundschaften eröffnen Ihnen neue Horizonte. Sie stärken Ihr Selbstvertrauen und ermutigen Sie, Dinge zu tun, die Sie sonst möglicherweise nie in Erwägung gezogen hätten.

Es ist immer traurig, wenn ich Menschen begegne, die so darauf fixiert sind, einen Partner zu finden, dass sie die Gelegenheit versäumen, Freundschaften zu schließen.

Bevor mein Mann starb, wandte sich eine Frau mehrmals hilfesuchend an mich. Sie war etwa dreißig Jahre alt, attraktiv und wollte unbedingt einen Ehemann finden. Sie hatte ein paar Freundinnen, aber jedes Mal, wenn ein Mann auf der Bildfläche erschien, ignorierte sie diese. Immer wieder lernte sie neue Männer kennen, nur um sich kurz darauf wieder von ihnen zu trennen. Im Laufe der Jahre sah ich sie von Zeit zu Zeit. Stets klagte sie über ihre Einsamkeit, eine Einsamkeit, die ihrer Meinung nach nur durch eine Beziehung überwunden werden konnte. Ihr Schutzengel sagte mir, sie müsse mehr Freundschaften mit Männern und Frauen schließen und aufhören, jeden Mann als potenziellen Partner zu sehen. Aber offenbar hörte sie nicht darauf, und ich war es irgendwann leid, ständig die gleichen Gespräche mit ihr zu führen. Daher vermied ich es, soweit möglich, mich mit ihr zu treffen.

Vor ein paar Jahren bat sie mich dann eines Tages, mit ihr zum Kaffeetrinken zu gehen. Zeitlich war es mir möglich, aber ich wollte keine Energie mehr verschwenden. Doch mein Schutzengel sagte mir, ich solle mich mit ihr treffen; ich werde eine Überraschung erleben. Ich war neugierig, also trafen wir uns. Sobald ich sie erblickte, wusste ich aufgrund der Liebe, die sie ausstrahlte, dass sich etwas verändert hatte. Sie hatte endlich begonnen, sich selbst zu lieben.

Ein Jahr zuvor war sie einer Gruppe von ehrenamtlichen Helfern beigetreten, die sich um Obdachlose kümmerten. Sie organisierten eine Suppenküche und waren unter anderem als Streetworker beratend tätig. Der Frau machte es Spaß, den Obdachlosen zu helfen, aber entscheidend war für sie die Gruppe, mit der sie zusammenarbeitete. Sie hatte viele freiwillige Helfer kennengelernt – Männer und Frauen – und nahm Männer zum ersten Mal in ihrem Leben als Freunde statt als potenzielle Partner wahr. Sie war voller Lebensenergie, als sie mir von den verschiedenen Männern und Frauen berichtete, die sie kennengelernt hatte und als Freunde erachtete.

Sie erwähnte ihr Liebesleben mit keiner Silbe. Es war kein Thema. Bevor ich mich von ihr verabschiedete, forderte ihr Schutzengel mich auf, sie zu fragen, ob sie sich vorstellen könne, mit einem der Männer aus der Gruppe eine Liebesbeziehung zu haben. »Das sind meine Freunde, Lorna!«, erwiderte sie etwas überrascht. Ich freute mich über ihre Antwort, denn sie zeigte, dass sie Männer nicht mehr ausschließlich als potenzielle Ehemänner sah, sondern doch noch gelernt hatte, dass Angehörige des anderen Geschlechts großartige Freunde sein können.

Natürlich gibt es noch eine andere Form der Einsamkeit: die Einsamkeit von Menschen, die sehr viele Freunde haben, aber ihre Barrieren nie fallen lassen und ihren Freunden nicht erlauben, die wahre Person zu sehen. Manchmal denke ich, dies ist die traurigste Form der Einsamkeit, weil diese Menschen sich die Chance auf wahre Freundschaft verbauen.

Ich erinnere mich an einen der seltenen Abende, an dem mein Mann Joe und ich ausgegangen waren. Wir besuchten eine Wohltätigkeitsveranstaltung.

Auf der Veranstaltung war ein gut aussehender junger Mann Anfang zwanzig. Er ging herum und plauderte mit jedem. Er war das Herz und die Seele des Events. Sein Schutzengel sah sehr groß und mächtig aus. Er trug eine Rüstung aus Silber und Gold. Aufgrund seiner Erscheinung wusste ich, dass er versuchte, dem jungen Mann Mut und Kraft zu schenken. Der Schutzengel sagte mir, der Mann lasse trotz seiner scheinbaren Ungezwungenheit keinen seiner Freunde nah an sich herankommen. Selbst wenn jemand sich ihm anvertraue, lasse er niemanden den wahren Menschen sehen, der er sei. In Wirklichkeit war dieser junge Mann extrem einsam – aber er verbarg das äußerst gekonnt. Viele der anderen anwesenden jungen Männer sahen ihn als guten Freund. Sie hätten seine Freunde sein können, aber er war unfähig, ihnen zu vertrauen; er war nicht in der Lage, seine Verletzlichkeit zu zeigen, und gab daher seine Deckung nicht auf.

Etwa 15 Jahre später schlug ich die Zeitung auf und las einen kurzen Artikel über einen Mann, der sich das Leben genommen hatte. Die Engel bei mir sagten mir, es handele sich um jenen jungen Mann. Es machte mich sehr traurig, dass er sich das Leben wahrscheinlich nicht genommen hätte, wenn er auf seinen Schutzengel gehört hätte und in der Lage gewesen wäre, seine Barriere gegenüber seinen Freunden fallen zu lassen und zuzugeben, dass er – wie wir alle – nicht vollkommen war.

Wir alle sollten unsere Verletzlichkeit zeigen. Wir müssen lernen, dass es in Ordnung ist, verwundbar zu sein, denn niemand ist perfekt. Freundschaften sind häufig der beste Ort, um diese Verletzlichkeit zu offenbaren. Achten Sie das nächste Mal, wenn Sie mit Ihren Freunden zusammen sind, darauf, wer sein wahres Selbst zeigt, mit allen Unvollkommenheiten, und wer sich hinter seiner Barriere verschanzt und sich und sein Leben als perfekt darstellt. Möglicherweise sind Sie es. Falls andere Menschen zu wenig Vertrauen zu Ihnen haben, sollten Sie versuchen, ihnen den nötigen Rückhalt und Zuspruch zu geben, damit sie sich offener mitteilen können.

Falls Sie selbst sich so verhalten, sollten Sie bewusst versuchen, Ihre Barrieren abzubauen und vertrauensvoller zu werden. Sie können das Schritt für Schritt tun, immer mal wieder, bis Sie sich sicher fühlen.

Natürlich ist es eine wirklich wichtige Frage, wem Sie vertrauen sollten. Meine jüngste Tochter ist noch im Teenageralter. Ich habe ihr geraten, neuen Personen in ihrem Freundeskreis die Möglichkeit zu geben, sich ihr Vertrauen zu verdienen. Sie sollte zudem auf ihren Schutzengel hören, und falls sie danach Vorbehalte hat, der Person nicht völlig vertrauen. Wir alle sollten auf unser Bauchgefühl hören.

Natürlich ist es eine traurige Tatsache, dass Freunde unser Vertrauen manchmal missbrauchen. Als meine Kinder noch klein waren, ging ich fast jeden Tag zu Fuß zum Einkaufen. Auf dem Hin- oder Rückweg sah ich häufig eine Frau, die etwa in meinem Alter war – Ende zwanzig oder Anfang dreißig. Ich wusste nicht, wie sie hieß, und wir unterhielten uns nicht wirklich miteinander. Aber sie lächelte mich stets freundlich an, und wir grüßten uns im Vorbeigehen.

Was mir immer bei ihr auffiel, war ihre Selbstliebe. Die Kraft der Liebe schien stets aus ihr herauszuströmen. Wie eine Welle bewegte sie sich von ihr fort, um dann wieder zu ihr zurückzukehren und sie mit Liebe zu überfluten. Die Liebe erfüllte die Frau mit Zuversicht und Selbstbewusstsein. Sie wirkte stets glücklich.

Als die Frau eines Tages auf mich zukam, sah sie sehr traurig aus. Aber besonders überrascht war ich darüber, dass keine Liebe mehr von ihr ausströmte. Stattdessen war es, als hätte sich ein eisernes Band um ihr Herz gelegt, wie eine Schicht aus Eis, hart und kalt.

Ich fragte den Engel Hosus, der neben mir herging, was mit ihr los war. Er antwortete lediglich: »Das Einzige, was du tun kannst, Lorna, ist, sie einfach zu grüßen.« Das tat ich auch, aber die Frau hob nicht einmal den Kopf, um meinen Gruß zu erwidern.

Da fragte ich Hosus, was ich tun könne, um ihr zu helfen. »Alles, was du tun kannst, ist, zu lächeln, sie zu grüßen, wenn du ihr begegnest, und ein Gebet für sie zu sprechen. Ihr Schutzengel arbeitet sehr intensiv mit ihr.« Ich fragte Hosus noch einmal, was geschehen war, bekam aber immer noch keine Antwort.

In den folgenden Monaten schloss ich die Frau in meine Gebete ein, und etwa alle zwei Wochen ging sie auf der Straße an mir vorbei. Ihr Schutzengel hatte stets liebevoll seine Arme um sie gelegt. Manchmal hielt er ein helles Licht vor ihr im Bereich des Herzens in die Höhe, um ihr zu helfen, das Licht in ihrem Leben zu sehen. Ich lächelte sie stets freundlich an und grüßte sie, bekam aber nie eine Antwort von ihr.

Dann schien sie plötzlich verschwunden zu sein. Etwa drei Monate lang sah ich sie überhaupt nicht mehr. Ich machte mir Sorgen und betete für sie, aber ich konnte mich bei niemandem über sie erkundigen, weil ich ihren Namen nicht kannte. Als ich Hosus nach ihr fragte, forderte er mich lediglich auf, weiter für sie zu beten.

Ich werde mich immer an den Tag erinnern, als ich sie wiedersah. Ich ging gerade vom Einkaufen nach Hause, als die Engel bei mir mich aufforderten, den langen Rückweg einzuschlagen, der am Maynooth College vorbeiführt. Beim College erblickte ich die Frau in einiger Entfernung. Sie kam mir entgegen. Ihr Schutzengel hielt sie immer noch fest, aber er hatte nun eine etwas aufrechtere Haltung. Es freute mich, das zu sehen. Als ich näher an sie herankam, tauchte Hosus neben mir auf. Er forderte mich auf, langsamer zu werden, während ich sie grüßte.

Ich lächelte die Frau herzlich an, aber sie lächelte nicht zurück. Dann grüßte ich sie, und dieses Mal grüßte sie mich zurück. Ich blieb stehen und tat so, als würde ich meine kleine schlafende Tochter Ruth im Kinderwagen besser zudecken.

Die Frau blieb ebenfalls stehen. Ihr Schutzengel hatte seine Arme nach wie vor um sie gelegt und flüsterte ihr etwas zu. Zu meiner Überraschung begann die Frau plötzlich zu sprechen. Die Worte sprudelten wild aus ihr hervor. Sie erzählte mir, ihre beste Freundin spreche nicht mehr mit ihr. Außerdem sagte sie mir, ihre Freundin habe ihr vor Jahren ein Geheimnis anvertraut. Vor einer Weile habe sie selbst aber einen schrecklichen Fehler begangen und es jemand anders erzählt. Die Frau sagte mir nicht, um welches Geheimnis es sich handelte, nur dass sie es jahrelang für sich behalten hatte und viele Leute es nun kannten. Das Geheimnis ihrer Freundin war nun kein Geheimnis mehr, und das war allein ihre Schuld.

All ihr Schmerz und Kummer brachen aus ihr hervor, als sie mir erzählte, sie habe das Band der Freundschaft zerstört und ihre Freundin habe sie zurückgewiesen. Sie war vollkommen am Boden zerstört.

Als ich sie ansah, schien die Liebe zu ihrer Freundin aus ihr hervorzubrechen, aber sie sah nicht so aus wie die Liebeskraft zwischen meinen Eltern, die der Engel mir gezeigt hatte. Es war vielmehr so, als wäre die Liebe geschreddert worden, als wäre sie mit einem scharfen Messer zerschlitzt worden.

»Seit unserer Kindheit waren wir beste Freundinnen. Wir wohnten stets nah beieinander und haben alles gemeinsam gemacht. Sie war immer einer der wichtigsten Menschen in meinem Leben. Ich vermisse sie sehr, aber egal auf welche Weise ich versuche, mich bei ihr zu entschuldigen, sie will nicht mit mir sprechen. Sie hat mir gesagt, dass ich für sie gestorben bin. Damit kann ich nicht leben. Es ist, als wäre eine Hälfte von mir fortgerissen worden.«

Ihre Augen waren voller Tränen, die ihr übers Gesicht rannen. Ich hörte aufmerksam zu, ohne ein Wort zu sagen.

Sie schüttete mir ihr Herz aus. Es war, als wäre ich in diesem Moment ein Ersatz für ihre verlorene Freundin. Ihr Schutzengel hatte sie dazu ermutigt, sich diese Dinge bei mir von der Seele zu reden, und sie hatte schließlich auf ihn gehört. Manchmal währt das Geschenk der Freundschaft nur ein paar Minuten lang, und genau das war in diesem Moment der Fall. Für einen flüchtigen Augenblick waren wir Freundinnen, obwohl ich nicht einmal ihren Namen kannte und seitdem nie mehr mit ihr gesprochen habe.

Ihr Schutzengel sah mich einen Moment lang an und forderte mich auf, ihr zu sagen, dass sie an der Liebe festhalten solle, die sie all die Jahre gegenüber ihrer Freundin empfunden habe. Sie solle sie in ihrem Herzen bewahren und jedes Mal, wenn sie an ihre Freundin denke, ein Gebet sprechen und um gute Dinge für sie und ihre Familie bitten. Sie solle stets dankbar für diese besondere und wertvolle Freundschaft sein, selbst wenn ihre Freundin nie mehr mit ihr spreche.

Ihr Schutzengel wies mich an, ihr zu versichern, dass sie neue Freunde finden werde. Als ich das tat, atmete die Frau offenbar tief ein. Dann verabschiedete sie sich von mir und ging ihres Weges. Ich sah sie eine lange Zeit nicht mehr.

Das nächste Mal begegnete ich ihr, als ich mit meinem Sohn Owen vom Fußballplatz kam. Sie war zusammen mit einer anderen Frau unterwegs und unterhielt sich fröhlich mit ihr. Ihr Schutzengel hielt sie nicht mehr in seinen Armen. Ich konnte zwar immer noch das Band um ihr Herz sehen, aber es lag nicht mehr so fest an. Sie ließ einen Teil ihrer Liebe nach außen gelangen, doch die Liebeskraft war nicht annähernd so intensiv wie zu der Zeit, bevor sie ihre Freundin enttäuscht hatte.

Die Frau grüßte mich nicht. Vielleicht sah sie mich nicht, aber ihr Schutzengel sprach ohne Worte mit mir. Er sagte mir, sie halte immer noch einen Platz in ihrem Herzen frei, in der Hoffnung, sich eines Tages mit ihrer Freundin zu versöhnen. Aber sie sei nun recht glücklich und zufrieden und habe neue Freunde gefunden, obwohl sie wisse, dass diese nie den Platz ihrer besten Freundin einnehmen könnten.

Den Engeln zufolge geht eine große Verantwortung mit tiefer Freundschaft einher. In einer intensiven und engen Freundschaft sind die Menschen durch Vertrauen miteinander verbunden, durch das Gefühl, ihren Freunden alles in ihrem Leben anvertrauen zu können. Wenn dieses Vertrauen beschädigt ist, wie in dem Fall der Frau, kann die Freundschaft zerbrechen und die Beteiligten untröstlich hinterlassen.

Freundschaft ist etwas sehr Wertvolles, und selbst wenn sie aufgrund schwieriger Umstände zerbrochen ist, sollten beide Freunde an der Besonderheit dessen festhalten, was sie einmal hatten. Vielleicht können sie die Freundschaft nicht erneuern, aber sie sollten nicht vergessen oder gering schätzen, was sie einmal hatten. Sie haben nach wie vor eine Verantwortung gegenüber der Freundschaft, die Pflicht, das geschenkte Vertrauen nicht zu missbrauchen. Sie dürfen nicht schlecht übereinander sprechen und sollten sich stets an die Liebe erinnern, die sie einst hatten. Und sie sollten diese sicher in ihrem

Herzen bewahren, selbst wenn ihnen das Herz gebrochen wurde. Sie sollten sie stets als etwas überaus Wertvolles erachten.

Es ist wichtig, liebevolle Gedanken über Freunde zu hegen, insbesondere nach einem Zwist. Es ist sogar wichtig, auf eine liebevolle Weise über jeden Menschen zu denken. Wenn wir liebevoll an jemanden denken und ihm alles Gute wünschen, ist das eine Form des Gebets und wird von Gott als solches empfangen. Wenn wir liebevolle Gedanken hegen, setzen wir etwas mehr von der Liebe frei, die wir in uns verschlossen halten.

Manchmal heilt das eine Kluft in einer Freundschaft. Die Engel haben mir gesagt, dass eine Freundschaft wieder aufleben kann, solange die Beteiligten noch am Leben sind – selbst wenn sie möglicherweise weniger intensiv ist. Mit der Zeit, vielleicht auch erst in vielen Jahren, könnten die beiden Frauen sich unter anderen Umständen wieder begegnen und feststellen, dass diejenige, die enttäuscht wurde, der anderen mittlerweile verziehen hat. So könnte ihre Freundschaft – selbst wenn sie eventuell nicht mehr so intensiv wäre – wieder ein Teil ihres Leben werden.

Halten Sie die Tür geöffnet, damit verlorene Freunde wieder in Ihr Leben zurückkehren können. Freunde sind zu wertvoll, um ihnen die Freundschaft zu leichtfertig aufzukündigen. Wenn Sie sich im Laufe der Jahre mit einem guten Freund zerstritten haben, sollten Sie den Engeln zufolge überlegen, ob Sie auf ihn zugehen können, vor allem wenn sich eine Gelegenheit dazu ergibt. Reichen Sie ihm die Hand, aber nehmen Sie es nicht persönlich und seien Sie dem anderen nicht böse, wenn er Ihr Freundschaftsangebot ablehnt.

Wir alle können mehr Freunde haben, als es in diesem Moment der Fall ist. Das Leben verändert sich sehr schnell, und es gibt Zeiten, in denen Freunde weiterziehen müssen. Manchmal liegt es daran, dass Freunde umziehen, manchmal nimmt ein Freund, mit dem wir viele Jahre lang zusammengearbeitet haben, einen anderen Job an.

Die Welt ist für uns alle kleiner geworden. Manchmal entfernen sich Freunde aufgrund der Umstände von uns. Dies geschieht häufig, wenn eine Freundin zum Beispiel Mutter wird und die Kinder ihre ganze Zeit und Energie in Anspruch nehmen.

Egal was uns im Leben widerfährt, wir sollten eine Tür für neue Freundschaften offen lassen. Wir sollten uns der Möglichkeit nicht verschließen, dass ein Bekannter, den wir bisher kaum wahrgenommen haben, das Potenzial hat, ein guter Freund zu werden; dass ein Fremder, dem wir noch nicht begegnet sind, ein sehr wichtiger Freund für uns werden könnte.

Zuweilen muss man viel Arbeit in eine Freundschaft hineinstecken. Sie kann große Mühe erfordern. Wenn Sie einsam sind, kostet es Mühe, die eigene Schüchternheit und das mangelnde Selbstvertrauen zu überwinden, um Menschen zu treffen und potenzielle Freunde zu entdecken.

Freundschaft verlangt, dass wir uns bestimmten Dingen aussetzen, auch wenn uns nicht danach ist, dass wir uns die Mühe machen, einen Freund zu treffen, obwohl wir größere Lust dazu hätten, die Füße vor dem Fernseher hochzulegen. Alles, was sich lohnt, erfordert eine gewisse Mühe, und bei der Freundschaft ist es nicht anders.

Ich kämpfe mit dem Schluss dieses Kapitels, aber mein Schutzengel hat mir gesagt, dass ich Sie lediglich daran erinnern sollte, dass Freundschaft Liebe ist. Und die Liebe macht unser Leben lebenswert.

## Kapitel 5

# Liebe gegenüber Fremden

Schwester Mary hielt eine Blechbüchse mit einem Foto eines afrikanischen Kindes darauf in die Höhe. Der Engel Hosus stand neben ihr und ahmte jede ihrer Gesten nach. Ich versuchte, nicht zu lachen.

»Ich möchte euch alle bitten, in der Fastenzeit auf Süßigkeiten zu verzichten und das gesparte Geld in diese Büchse für die kleinen Kinder in Afrika zu tun. Wir mögen selbst nicht viel besitzen, aber diese kleinen Kinder sind ärmer als wir.«

Ich war zu diesem Zeitpunkt acht Jahre alt, und in der katholischen Fastenzeit – den 40 Tagen vor Ostern – sammelten wir immer für Kinder in Afrika. Während ich Schwester Mary zuhörte, kam mir irgendetwas seltsam vor, aber ich konnte nicht genau sagen, was es war.

Die Nonne begann Broschüren über die Wohltätigkeitsorganisation zu verteilen, die wir für unsere

Eltern mit nach Hause nehmen sollten. Als sie an unseren Tischen vorbeiging, öffnete sich das Licht ihres Schutzengels. Er umarmte sie liebevoll und sah sie gütig an. Ich sah zum Engel Hosus hinüber, der in einer Ecke des Raums stand. Er wusste, was mir durch den Kopf ging. Im Stillen sagte ich ein Wort: »Liebe.«

Während ich weiterhin den Schutzengel von Schwester Mary betrachtete und sah, welche Liebe er ihr gegenüber zum Ausdruck brachte, wurde mir plötzlich etwas bewusst, das mich betroffen machte: Sie hatte uns nicht gesagt, dass sie diese Kinder in Afrika liebte (obwohl sie sie nicht kannte) und dass wir sie ebenfalls lieben sollten.

Der Engel Hosus versuchte, mich zu trösten: »Sie hat nur vergessen, ›Liebe‹ zu sagen, Lorna.« Dann fragte er mich: »Liebst du diese Kinder in Afrika, Lorna?«

»Ja«, antwortete ich, »ich liebe sie.«

Die Nonne war nun bei mir angekommen und gab mir eine Broschüre.

»Sie haben vergessen, ›Liebe‹ zu sagen!«, platzte ich heraus.

Die Nonne starrte mich an und sagte: »Sei still, du dummes Kind!«

Ich war es gewohnt, ignoriert und beschimpft zu werden, daher machte ich mir nicht allzu viel daraus, aber die Vorstellung, dass Schwester Mary vielleicht nichts über die Liebe wusste, beunruhigte mich.

Auch in den folgenden Jahren gab es jeweils zur Fastenzeit eine Sammlung, und in all den Jahren habe ich nie jemanden etwas über die Liebe gegenüber diesen Kindern in Afrika sagen hören, die Fremde für uns waren – über die Liebe als Grund, ihnen zu helfen.

Vor einigen Jahren, als ich einmal mit meinem Mann Joe im Auto unterwegs war, kamen wir an einem Verkehrsunfall vorbei, der sich kurz zuvor ereignet hatte. Es war noch kein Krankenwagen vor Ort. Eine Frau lag schwer verwundet auf dem Boden. Neben ihr kniete eine Passantin, die sich um sie kümmerte. Die Passantin kannte die Frau nicht – sie war eine Fremde für sie –, und ich war überwältigt von der Liebe, die von ihr ausströmte und auf die Verletzte gerichtet war. Ich konnte sie sehen und spüren. Die Passantin war über die blutüberströmte Frau gebeugt, die offenbar große Schmerzen hatte. Sie streichelte sie und versicherte ihr mit sanfter Stimme, dass bereits Hilfe unterwegs sei. Der Schutzengel der Helferin öffnete sich. Er trug einen Umhang, der wie ein Wasserfall über die Passantin fiel und zudem die Verletzte berührte. Es sah wunderschön, aber auch eigenartig aus. Dann erkannte ich, dass der Schutzengel den Umhang als Trichter benutzte, um der Passantin zu helfen, ihre Liebe auf die Verletzte am Boden zu richten, damit diese möglichst viel von der Liebe spürte, die sie überströmte. Es war wunderschön, das zu sehen und die Liebe wahrzunehmen.

Kurz darauf traf ein Krankenwagen ein, und die Frau wurde ins Krankenhaus gebracht. Ich fragte die Engel, ob sie das Ganze überstehen werde, und mir wurde versichert, dass sie wieder gesund werde.

Es berührt mich immer noch, wenn ich an die überwältigende Liebe denke, die von der fremden Passantin zu der verletzten Frau strömte. Wir alle haben das Potenzial, Fremde zu lieben, da wir alle miteinander verbunden sind. Jeder Einzelne von uns hat eine Seele, und all unsere Seelen sind vereinigt; sie sind alle ein Teil Gottes.

**Wir alle haben das Potenzial, fremde Menschen zu lieben, da wir alle miteinander verbunden sind.**

Wir haben ein enormes Potenzial, Fremde zu lieben, aber häufig entscheiden wir uns bewusst dafür, kaltherzig zu sein und unsere Liebe zurückzuhalten. Wir befürchten, dass es uns überfordern könnte, wenn wir unsere Barrieren fallen lassen, dass wir möglicherweise zu viel Anteil nehmen könnten und aktiv werden müssen. Manche Menschen befürchten, dass nicht genug Liebe vorhanden ist und ihre Liebe sich daher verbrauchen könnte.

Es gibt keinen Mangel an Liebe; sie ist in einem Übermaß vorhanden. Je liebevoller wir Fremden begegnen, desto mehr Liebe werden wir in unserem eigenen Leben erfahren.

Ich treffe viele Menschen, die nach ihrem Seelenpartner suchen, dem Menschen, der – wie sie glauben – für sie als Ehepartner bestimmt ist und mit dem sie gemeinsam alt werden können. In Wirklichkeit kann ihr Seelenpartner ein Fremder sein, der ihre Hilfe benötigt und nur kurz ihren Weg kreuzt, oder ein hungriges Kind auf der anderen Seite der Welt.

Als mein Sohn Christopher einmal als Kind im Krankenhaus war, forderten die Engel mich auf, aufmerksam zu sein, als ein bestimmter Arzt zur Visite kam. Der Arzt war etwa Mitte fünfzig. Er untersuchte die Kinder auf der Station und unterhielt sich mit ihnen und ihren Familien. In einem Bett beim Fenster lag ein kleiner, etwa dreijähriger Junge. Offenbar war er sehr krank, und bei ihm waren keine Angehörigen. Als der Arzt bei ihm ankam, öffneten sich sein Schutzengel sowie der des Jungen genau im gleichen Moment. Der kleine Junge streckte dem Arzt seine Arme entgegen. Ich konnte die Kraft der Liebe sehen, die von dem Kind zum Arzt strömte und mit der gleichen Intensität zu ihm zurückkehrte. Ich stellte den Engeln eine Frage – und sie bestätigten, was ich vermutete. Die beiden waren Seelenpartner. Der Arzt wusste nicht, warum er so viel für diesen Patienten empfand, und er war zutiefst betrübt, weil er wusste, dass er ihn nicht retten konnte und der Junge bald sterben würde. Die Begegnung, wenngleich sie auch nur von kurzer Dauer war, hatte eine große Bedeutung für die beiden, das weiß ich nun. Ich glaube, zum Teil fand sie statt, weil sie dem Arzt helfen sollte, etwas über Liebe und Mitgefühl zu lernen.

Wir alle haben einen Seelenpartner, eine Seele, der wir bereits im Himmel begegnet sind und zu der wir eine tiefe Verbindung haben. Allerdings ist dieser Mensch in den meisten Fällen nicht unser Liebespartner, und wir begegnen ihm nicht zwangsläufig. Unsere Welt wäre ein viel besserer Ort, wenn wir uns mit der Vorstellung vertraut machen würden, dass ein hilfsbedürftiger Fremder unser Seelenpartner sein könnte, anstatt einen Liebespartner zu suchen, der gleichzeitig unser Seelenpartner ist.

Während meiner Arbeit an diesem Kapitel wurde ich gefragt, welcher Unterschied dazwischen besteht, kaltherzig zu sein und die eigene Liebe einzusperren. Das sind ganz unterschiedliche Dinge. Meist entscheiden wir uns nicht bewusst dazu, unsere Liebe einzuschließen. Oft geschieht dies als unfreiwillige Reaktion auf Dinge, die in unserem Umfeld geschehen. Kaltherzigkeit ist dagegen eine Haltung, die wir bewusst einnehmen oder ablehnen können. Leider sehe ich in der heutigen Zeit vermehrt Menschen, die sich entscheiden, kaltherzig zu sein. Ich spreche häufig über positive Entwicklungen, die ich auf der Welt sehe, über Bereiche, in denen sich etwas verbessert und die uns Anlass zur Hoffnung geben können, aber ich glaube, dass wir noch viel aufzuholen haben, wenn es um die Liebe gegenüber Fremden geht. Ich möchte den Menschen bewusster machen, dass sie in puncto Kaltherzigkeit eine Wahl haben und sich dagegen entscheiden können.

Wenn wir uns entscheiden, kaltherzig zu sein, treffen wir eine bewusste Entscheidung, uns nicht einzulassen. Das hat nicht nur eine Wirkung auf die Person oder die Menschen, denen wir unsere Hilfe versagen; es hat auch eine Wirkung auf uns und jeden in unserem Umfeld.

Ich will damit nicht sagen, dass man jedem Menschen helfen muss – das ist nicht möglich. Aber manchmal werden Sie von Gott und den Engeln berührt oder dazu bewegt, einem Fremden zu helfen, Mitgefühl mit diesem Individuum zu haben – oder auch Anteil an einer Sache zu nehmen. Wenn Sie einen solchen Hilfsimpuls spüren, möchte ich Sie bitten zu helfen, in welcher Weise auch immer Ihnen das möglich ist, egal wie klein die Hilfe auch sein mag. Vielleicht schenken Sie dem anderen nur ein Lächeln und fühlen sich nicht überfordert, sodass Sie Ihr Herz nicht verschließen und nicht kaltherzig werden.

Manchmal können wir nichts anderes für einen Fremden tun, als ein Gebet für ihn zu sprechen. Ich erinnere mich an ein Mittagessen in einem Pub in Kilkenny. Ich war mit meiner Tochter Megan da, die zu der Zeit etwa neun Jahre alt war. Ein Fernseher lief, und als die Nachrichten kamen, herrschte im Pub plötzlich betroffenes Schweigen. Ein Schulbus war verunglückt, und einige Mädchen im Teenageralter waren getötet und viele weitere verletzt worden.

Als ich die Nachricht hörte, wusste ich, dass nicht nur ich den Tränen nahe war. Alle waren berührt von Liebe und Mitgefühl, obwohl keiner von uns irgendeine der Betroffenen oder ihre Familien kannte. Ich sah eine Woge der Liebe, die bei allen Anwesenden im Pub als Reaktion auf die Welle des Mitgefühls freigesetzt wurde. Wenn wir uns erlauben, Fremde zu lieben, und Anteil daran nehmen, was ihnen widerfährt, setzen wir mehr von der Liebe zu uns selbst frei, die wir in uns eingeschlossen haben.

Wir waren weit von dem Unfallort entfernt und nicht in der Lage, auf irgendeine praktische Weise zu helfen, aber ich konnte eine Flut von Gebetsengeln sehen, die wie ein umgekehrter Wasserfall zum Himmel hinaufströmten. Daher wusste ich, dass viele der Pubbesucher gemeinsam mit mir ein stilles Gebet für die Betroffenen gesprochen hatten.

Allmählich begannen die Anwesenden miteinander zu sprechen. Sie unterhielten sich mit Menschen, die sie fünf Minuten zuvor noch nicht gekannt hatten. Die Tragödie hatte uns alle berührt, und das hatte uns in eine liebevolle, Anteil nehmende Gemeinschaft verwandelt.

Solche Dinge geschehen auf der ganzen Welt. Manchmal kommt es auf einer regionalen Ebene dazu, manchmal auch auf einer globalen. Wir spüren unsere Verbundenheit miteinander, unsere Liebe. Wir spüren, dass wir alle, selbst als Fremde, Teil eines größeren Ganzen sind.

## Kapitel 6

# Die Eltern als eigenständige Menschen lieben

Viele Männer und Frauen, denen ich begegne, sehen ihre Eltern nicht als Individuen mit einer Persönlichkeit und einem eigenen Leben. Ihr Verhältnis zu ihnen entwickelt sich nicht über eine Eltern-Kind-Beziehung hinaus. Sie lassen nicht zu, dass daraus eine erwachsene Beziehung wird, in der man den anderen richtig kennt.

Vor Kurzem landete ich zufällig in einem Café in Dublin, in dem ich bis dahin noch nie gewesen war. Eigentlich wollte ich ein französisches Café finden, das meiner Tochter Megan sehr gut gefällt, aber die Engel ließen es nicht zu. Nachdem ich eine Weile danach gesucht hatte, sagten sie mir, ich solle in ein anderes Café gehen.

Als ich es betrat, forderten die Engel, die bei mir waren, mich auf, einen bestimmten Mann zu begrüßen. Er saß mit gesenktem Kopf da und sah keineswegs so aus, als wolle er gestört werden. Ich sagte frech zu den Engeln: »Wenn ich ihn begrüßen soll, muss sein Schutzengel ihn auffordern, den Blick zu heben.« Während ich das sagte, öffnete sich der Schutzengel des Mannes. Er hatte eine kräftige männliche Erscheinung und war in rote und goldfarbene Gewänder gekleidet. Er war weit über den Mann gebeugt, wie eine Gummipuppe, als würde er in gewisser Weise in dessen Gesicht schauen (ich weiß, dass wir Menschen das auf diese Weise nicht können, daher ist es etwas schwierig, sich das vorzustellen).

Der Schutzengel richtete sich auf, als ich den Mann begrüßte. Da hob dieser den Kopf und bemerkte mich. Die Tische waren in langen Reihen aufgestellt. Ich saß an einem Zweiertisch in der Nähe der Wand. Der Mann saß mit dem Gesicht zu mir ein paar Tische weiter in der nächsten Reihe. Er blickte zu mir herüber, sodass ich ihn zum ersten Mal richtig sehen konnte. Er war etwa Mitte vierzig und gut gekleidet, aber seine Augen waren gerötet. Sein Schutzengel forderte mich auf, ihn zu fragen, wie es ihm gehe. Ich tat, wie er mich geheißen hatte. Der Mann sah mich daraufhin eine ganze Weile an, ohne ein Wort zu sagen. Ich wiederholte meine Frage. Dieses Mal erhob er sich von seinem Tisch und kam mit seiner Kaffeetasse in der Hand auf mich zu. Er setzte sich nicht zu mir an den Tisch, sondern ließ sich am Nachbartisch nieder. Dann sagte er mir, dass es ihm nicht gut gehe. Seine Mutter sei vor ein paar Wochen gestorben, und er habe erst, als sie im Sterben lag, bemerkt, wie wenig er sie kannte.

Ich ließ ihn reden, ohne ihn zu unterbrechen. Er berichtete über »diese sechs kurzen Wochen«, in denen er so viel über sie erfahren hatte. Es war, als hätte er sie vorher nicht gekannt. Er hatte sich nicht bewusst gemacht, dass seine Mutter ein eigenes Leben hatte. Sie hatte Freunde aus verschiedenen Altersgruppen und aus unterschiedlichen Gesellschaftsschichten und teilte gemeinsame Interessen mit ihnen. Er hatte nichts von alldem gewusst. Er bedauerte sehr, dass er sie nicht so kennengelernt hatte, wie sie mit ihren Freunden war; sich nicht die Zeit genommen hatte zu erfahren, was sie interessierte, und nicht an diesen Interessen teilgehabt hatte. Erst im Laufe »dieser sechs Wochen« begriff er, wie sehr er sie liebte.

Er erzählte, und ich hörte ihm zu. Er sprach weiterhin frei von der Seele weg. Sein Schutzengel war über ihn gebeugt, und ich wusste, dass dieser Engel ihm dabei half, seine Gefühle zum Ausdruck zu bringen und jegliche Hemmungen zu überwinden, auf diese Weise mit einer Fremden zu reden.

Nach etwa 20 Minuten sagte er mir, er müsse nun aufbrechen. Ich wünschte ihm alles Gute.

Eines weiß ich gewiss: Er wird diese wertvollen »sechs Wochen« nie vergessen, in denen ihm die Augen für seine Mutter als eigenständige Person und nicht nur als Mutter geöffnet wurden. Es ist nie zu spät, auf unsere Eltern zuzugehen und sie als eigene Persönlichkeiten kennenzulernen, solange sie noch am Leben sind. Sie haben sich Ihre Eltern ausgesucht, bevor Sie empfangen wurden. Dessen sollten Sie sich bewusst sein. Sie haben sie ausgewählt und kannten ihre Stärken und Schwächen. Als Baby haben Sie sie bedingungslos geliebt.

Bei einem Besuch eines irischen Gefängnisses wurden diese Aussagen stark angefochten. Ich hatte eine Einladung bekommen, vor einer Gruppe von weiblichen Strafgefangenen zu sprechen. Wir befanden uns mit einigen Gefängniswärtern in einem großen Raum, der voller Engel war. Ich sprach darüber, dass wir uns alle unsere Eltern aussuchen. Eine der Inhaftierten stand an eine Wand gelehnt. Ein Engel tauchte vor ihr auf und kam auf mich zu. Er hatte eine weibliche Erscheinung und war gelbgrün gekleidet. Er hatte seine Hände vor der Brust ausgestreckt, sodass die Handflächen zu mir zeigten. »Das ist ein harter Fall, Lorna«, sagte der Engel.

Ich atmete tief ein, denn ich wusste, dass ich Mut und Kraft brauchen würde. Da fuhr die Frau mich laut an: »Ich habe mir meine Mutter *auf keinen Fall* ausgesucht! Sie hat regelmäßig Zigaretten auf mir ausgedrückt, war ständig betrunken und ließ mich hungern. Ich habe sie gehasst! Wie hätte ich sie mir je als Mutter aussuchen können? Ich hätte verrückt sein müssen, sie auszuwählen.«

Im Raum herrschte Anteil nehmendes und betroffenes Schweigen. Ich rang nach Worten. Kein Kind sollte je so etwas erleben müssen, und es gibt keinerlei Entschuldigung für ein solches Verhalten. Aber der gelbgrün gekleidete Engel sagte mir, die Frau liebe ihre Mutter – trotz allem, was sie erzählte –, und die Mutter liebe ihre Tochter ebenfalls, wie schrecklich sie sich auch verhalten haben mochte. Die Mutter war alkoholabhängig und konnte sich selbst gegenüber keine Liebe zeigen, und schon gar nicht gegenüber ihrem Kind.

Ich kann mich nicht mehr genau daran erinnern, was ich der Frau entgegnete. Ich weiß, dass ich meine Antwort nicht überzeugend genug fand, aber der Gefängnispriester, Pater John, versicherte mir, ich hätte die Frau zum Nachdenken gebracht, und es habe ihr geholfen, anders über ihre Mutter zu denken.

In Wirklichkeit suchen wir uns unsere Eltern, wie gesagt, aus. Wir wissen alles über sie. Wir kennen ihre Schwächen und Stärken und die Entscheidungen, mit denen sie konfrontiert werden. Ich habe keine Ahnung, warum sich jemand eine solche Mutter aussuchen würde, aber ich weiß, dass wir in unserem Leben hier auf der Erde bestimmte Entscheidungen treffen müssen. Diese Mutter hatte die Möglichkeit, ihre Sucht zu überwinden und sich ordentlich um ihre Tochter zu kümmern. Und die Tochter hatte – und hat nach wie vor – die Möglichkeit, sich dagegen zu wehren, dass die Dinge, die ihr als Kind widerfahren sind, ihr eigenes Leben zerstören.

Sehr häufig erlebe ich Situationen, in denen die Beziehungen zu den Eltern aufgrund von Missverständnissen zerstört oder für viele Jahre beschädigt sind.

Ich war bereits ziemlich lange verheiratet, bevor wir in unserem Cottage in Maynooth ein Telefon bekamen. Und wir legten es uns auch nur zu, weil es sein konnte, dass mein Mann Joe dringend einen Arzt benötigte. Nur selten riefen fremde Leute mich an, weil sie Hilfe suchten. Ich wusste nie, woher sie meine Nummer hatten oder wer sie zu mir geschickt hatte.

Eines Abends, als ich gerade mit meinem jüngsten Kind, Megan, schwanger war, klingelte das Telefon. Am anderen Ende der Leitung war eine Frau namens Lesley, die aus London anrief. Ein Engel tauchte neben mir auf und bedeutete mir, ihr etwas Zeit zu geben.

Ich stand mit dem Hörer in der Hand in der Küche, als Lesley zu erzählen begann. Vor zehn Jahren hatte sie ihr Zuhause in der Grafschaft Mayo mit Anfang zwanzig verlassen, um in London zu leben. Sie sagte, sie habe nie eine gute Beziehung zu ihren Eltern gehabt und ständig gespürt, dass diese ihre beiden jüngeren Geschwister bevorzugten. Sie hatte das Gefühl, dass ihre Eltern sie nicht liebten, daher ergriff sie die erstbeste Gelegenheit, um von ihnen wegzukommen.

Als sie in London war, verlor sie jeglichen Kontakt zu ihren Eltern. Ihre Mutter schrieb ihr regelmäßig, aber Lesley beantwortete die Briefe nicht. Hin und wieder bekam sie auch Post von ihrer Schwester, der sie etwa ein Mal pro Jahr antwortete. Aber sie achtete genau darauf, sich in ihrem Brief nicht nach ihren Eltern zu erkundigen, geschweige denn ihnen schöne Grüße zu schicken. Soweit es sie betraf, gab es keine Verbindung mehr zwischen ihren Eltern und ihr selbst.

Sie erzählte mir, vor acht Monaten habe sie eine Hochzeitseinladung von ihrer Schwester erhalten. Ihre Schwester habe sie inständig darum gebeten, zu ihrer Hochzeit zu kommen, und ihr gesagt, wie sehr sie sich wünsche, dass Lesley dabei wäre und ihren neuen Mann kennenlernte und dass ihre Eltern Lesley liebten und sich ebenfalls wünschten, sie dabeizuhaben.

Lesley hatte die Einladung ignoriert. Sie machte sich nicht einmal die Mühe, darauf zu antworten. Mittlerweile schluchzte sie am anderen Ende der Leitung. Sie erzählte mir, dass sie erst vor einer Woche Hochzeitsfotos von ihrer Schwester sowie wunderschöne Fotos der ganzen Familie bekommen habe. Ihre Schwester hatte ihr einen Brief dazugelegt, in dem sie ihr schrieb, wie sehr ihre Eltern an ihrem Hochzeitstag geweint hätten, weil Lesley nicht da gewesen sei, und wie sehr sie sie liebten und vermissten.

Der Engel bei mir erzählte mir, ihre Eltern hätten sie immer geliebt und ihre jüngeren Geschwister nicht bevorzugt, aber Lesley habe sich als ältestes Kind zurückgesetzt gefühlt, weil sie Dinge mit ihren jüngeren Geschwistern teilen musste.

Lesley sagte mir, sie schäme sich sehr für all die Jahre, in denen sie jeden Kontakt mit ihrer Mutter abgelehnt hatte. Sie litt extrem unter der Vorstellung, dass ihre Eltern bei der Hochzeit ihrer Schwester geweint hatten, weil sie zu stur gewesen war und nicht einmal in Erwägung gezogen hatte, daran teilzunehmen.

Sie wollte den Kontakt zu ihren Eltern wieder aufnehmen, hatte aber große Angst davor. Der Engel sagte mir, ich solle Lesley auffordern, ihre Mutter und ihren Vater anzurufen, und ihr versichern, dass sie darauf warteten; dass sie zehn Jahre darauf gewartet und dafür gebetet hatten, seitdem sie nach London gezogen war. Ich sagte ihr auch, dass der Engel mir erzählt hatte, wie sehr ihre Eltern sie liebten.

Ich sprach ein Gebet für sie, als wir das Gespräch beendet hatten. Ich betete dafür, dass sie den Mut haben würde, den ersten Schritt zu tun und anzurufen. Aufgrund der Dinge, die die Engel mir erzählt hatten, wusste ich, dass ihre Eltern mit offenen Armen darauf warteten, dieses langjährige Missverständnis aus dem Weg zu räumen.

Warten Sie nicht ab, um Missverständnisse mit Ihren Eltern aufzuklären. Wenn Sie Meinungsverschiedenheiten haben, sollten Sie die nötigen Schritte tun, um sie zu beseitigen. Ich begegne bei Weitem zu vielen Menschen, die das versäumen und es dann bereuen, wenn es zu spät ist.

Häufig entstehen Probleme mit den Eltern, weil eines der Kinder das Gefühl hat, weniger geliebt worden zu sein als die Geschwister.

Ich erinnere mich an die Zeit, als ich Liz, die Mutter meines Mannes, im Krankenhaus besuchte. Sie lag im Sterben und war etwa sechs Wochen auf der gleichen Station. Daher lernte ich einige der Patienten und ihre Familien kennen. Auf der anderen Seite der Station lag eine ältere Frau. Als ich zum ersten Mal zu der Station kam, war sie allein, und ich konnte ihren Schutzengel am Kopfende des Bettes sehen. Er stand hinter ihr und hielt ihre Seele voller Mitgefühl. Daher wusste ich, dass ihr Schutzengel sie bald mit nach Hause in den Himmel nehmen würde.

Das nächste Mal, als ich ins Krankenhaus kam, war diese Frau von vier Erwachsenen mittleren Alters umringt. Ich konnte den kreisförmigen Faden sehen, der sie mit den anderen verband. Daher wusste ich, dass es ihre Kinder waren. Ein Engel trug mir auf, die Familie genau zu beobachten. Also versuchte ich es unauffällig zu tun. Eine der Töchter bewegte sich, und ich sah, dass ein zusätzlicher Faden von der Mutter zu dieser Tochter führte. Dieser Faden hatte eine dunklere Farbe. Der Engel erzählte mir, dass er das Band der Liebe zwischen dieser Tochter und der Mutter stärken sollte. Die Mutter hatte all ihre Kinder gleich geliebt, als sie noch klein waren, aber aus irgendeinem Grund war die Verbindung zu dieser Tochter im Laufe der Zeit schwächer geworden. Den Engeln zufolge wünschte sich die Mutter vor ihrem Tod sehr, dass ihre Tochter wusste, wie sehr sie sie geliebt hatte. Gott hatte ihnen diesen zusätzlichen Faden gewährt, damit die Tochter die Liebe der Mutter spüren konnte.

Ich war noch einmal auf der Station, als die Familie bei ihrer Mutter war, und konnte immer noch den zusätzlichen Faden zwischen der Frau und dieser Tochter sehen. Dieses Mal hatte er eine viel hellere Farbe, fast so, als würde er durch die Liebe erleuchtet, die zwischen ihnen strömte. Ich schmunzelte und sagte zu den Engeln: »Ich glaube, es funktioniert. Ich hoffe es jedenfalls.«

Wenn ein Elternteil stirbt, spüren die Söhne oder Töchter häufig eine Woge der Liebe zu diesen Menschen zusammen mit einer großen Traurigkeit – es kann niederschmetternd sein.

Viele Menschen haben ihren Eltern nie gesagt, dass sie sie lieben, das wird ihnen nun bewusst. Sie hatten nie den Mut, die Worte »Ich liebe dich« auszusprechen. Sie sollten nicht davon ausgehen, Ihre Eltern wüssten schon, dass Sie sie lieben. Sie sollten es Ihnen sagen – Sie sollten diese Worte sagen.

Warten Sie damit nicht, bis es zu spät ist.

Falls Ihre Eltern bereits in den Himmel nach Hause zurückgekehrt sind, können Sie ihnen das natürlich immer noch sagen. Sie werden es hören.

Es kann extrem belastend sein, wenn ein Elternteil (oder eine andere nahestehende Person) an Alzheimer erkrankt oder dement ist.

Eine Bekannte namens Maeve sprach mit mir darüber. Ihre Mutter, die mit ihr, ihrem Mann und ihren drei Kindern im Teenageralter zusammenlebte, war verwirrt. Manchmal erkannte sie ihre Angehörigen nicht einmal mehr. Maeve erzählte mir, dass ihre Mutter eines Nachmittags ihren Enkel angeschrien hatte, als er von der Schule nach Hause kam. Sie bezichtigte ihn, ein Dieb zu sein, und befahl ihm, das Haus zu verlassen. Als er ihr sagte, dass alles in Ordnung sei, und sie zu beruhigen versuchte, schlug sie mit ihrem Spazierstock auf ihn ein. Während Maeve mir das erzählte, öffnete sich ihr Schutzengel. Er hatte eine weibliche Erscheinung und war in goldene und weiße Gewänder gekleidet. Er hatte sich um Maeve geschlungen, als würde er sie in einen schützenden Kokon einhüllen.

Der Schutzengel sagte mir, Maeve müsse ihre Mutter schon bald in ein Pflegeheim geben. Es sei das einzig Richtige, und ihre Mutter werde dort sicher und glücklich sein.

Maeve war angesichts der Situation extrem gestresst und besorgt. Sie wollte das Richtige für ihre Mutter tun, aber auch ihrem Mann und den Kindern gerecht werden. Sie hatte das Gefühl, als würde man ihr das Herz herausreißen.

**Sie sollten nicht davon ausgehen,**
**Ihre Eltern wüssten schon, dass Sie sie**
**lieben. Sie sollten es ihnen sagen –**
**Sie sollten die Worte aussprechen:**
**»Ich liebe euch.«**

Als sich der geistige Zustand ihrer Mutter verschlechterte, hatte Maeve zunehmend Angst um sie. Schließlich entschied sie, ihre Mutter in einem Pflegeheim unterzubringen. Maeve sprach, einige Monate nachdem ihre Mutter ins Heim gekommen war, noch einmal mit mir. Sie sagte, ihrer Mutter gehe es gut, und sie scheine zufrieden zu sein. Maeves Schutzengel bestätigte mir, dass ihre Mutter sich wohlfühlte und nur manchmal etwas durcheinander war, weil sie nicht wusste, wer die fremden Menschen waren, die an ihrem Bett saßen, und sich fragte, wann ihre Tochter und Enkel sie besuchen kommen würden.

Ich habe keine Ahnung, warum Menschen an Alzheimer erkranken und dement werden, aber ich weiß, dass ihr Schutzengel ständig bei ihnen ist und sein Bestes tut, um ihnen zu helfen und sie zu beschützen. Wenn die Zeit, nach Hause zurückzukehren, näher rückt, hält der Schutzengel die Seele der Person, und im Moment des Todes erinnert diese sich an alles und jeden.

Ich begegnete einmal einem Mann, der mir erzählte, sein Vater sei dement. Da es für ihn so schwierig war, den Vater in diesem Zustand zu sehen, besuchte er ihn nicht mehr. Er hatte ihn drei Jahre nicht gesehen und ihn der Obhut professioneller Pflegekräfte anvertraut. Ich wies ihn vorsichtig auf Folgendes hin: Nur weil sein Vater ihn nicht erkannte, bedeutete das nicht, dass er ihn nicht liebte. Ich riet dem Mann, seinen Mut zusammenzunehmen und seinen Vater zu besuchen. Dann sprach ich ein Gebet dafür, dass er seine Ängste überwinden und zu seinem Vater gehen würde.

Selbst wenn er nur am Bett seines Vaters saß und die Zeitung las – seine Anwesenheit zählte. Wenn dieser Mann den Mut für die Besuche nicht aufbrachte, würde er es nach dem Tod seines Vaters zutiefst bereuen.

Als mein Vater starb, war ich am Boden zerstört, und ich vermisse ihn auch heute noch. Ich war Ende dreißig, verheiratet und hatte Kinder, als es passierte. Ich mag mir überhaupt nicht vorstellen, wie schmerzhaft es ist, wenn man früh im Leben einen Elternteil verliert.

Doch unsere Eltern sind bei uns, wenn wir sie brauchen, obwohl sie vielleicht schon im Himmel sind. An den meisten Tagen, an denen ich draußen unterwegs bin, sehe ich mindestens einen Menschen, bei dem sich die Seele eines Elternteils befindet, die mit dem Verstorbenen schon in den Himmel gegangen ist. Die Seele ist nach wie vor im Himmel, aber Gott erlaubt ihr, bei geliebten Menschen zu sein, wenn diese Hilfe oder Unterstützung brauchen. Wenn ich eine Seele sehe, wird mir eine undeutliche menschliche Gestalt gezeigt, die gleichzeitig hell strahlt. Ich sehe sie in der Nähe eines Sohnes oder einer Tochter. Sie sagt dem Menschen etwas ins Ohr oder berührt unterstützend seinen Arm. Es mag uns zwar seltsam erscheinen, aber es ist leichter für uns, die Präsenz einer Seele zu spüren als die Präsenz unseres Schutzengels oder eines anderen Engels. Und das ist einer der Gründe, warum unsere Schutzengel häufig die Seele eines Elternteils oder eines anderen geliebten Menschen aus dem Himmel zu uns lassen, um uns zu helfen.

Bei einer Signierstunde erzählte mir eine Frau mit etwa Mitte fünfzig, ihre Mutter sei gestorben, als sie selbst sieben Jahre alt war. Sie konnte sich immer noch daran erinnern, wie ihre Mutter ihr das Gesicht mit einem feuchten Taschentuch abgewischt hatte, wenn sie Marmeladensandwiches gegessen hatte. Während sie über ihre Mutter sprach, erschien deren Seele – und stand neben ihr. Ihre Mutter sah wunderschön aus, so wie sie wahrscheinlich zu ihrer Blütezeit ausgesehen haben mochte. Sie wirkte wie eine jüngere Version ihrer Tochter, die bei mir saß und mit mir sprach.

»Ihre Mutter ist immer wieder bei Ihnen. Sie ist da, wenn Sie sie brauchen. Sicherlich spüren Sie das manchmal«, sagte ich, ohne ihr zu verraten, was ich sah. Die Tochter nickte. »Ich bin sicher, Sie sehen Ihrer Mutter sehr ähnlich«, fügte ich hinzu.

Sie sah mich an und erwiderte: »Das sagen alle.«

»Ihre Mutter ist jedes Mal bei Ihnen, wenn Sie an sie denken oder über sie sprechen«, sagte ich zu ihr, während ich sie zum Abschied umarmte. Die Kraft der Liebe hatte fast 50 Jahre überdauert, und die Tochter hatte ihre wenigen wertvollen Erinnerungen an ihre Mutter innerlich am Leben gehalten. Es war wunderschön, das zu sehen.

Manchmal erzählt mir jemand, er habe ein sehr schlechtes Verhältnis zu einem mittlerweile verstorbenen Elternteil gehabt. Wenn jemand stirbt, werden all diese Differenzen fortgespült. All die menschlichen Unzulänglichkeiten, die zu Streit und Zorn führen, verschwinden, und die Seele des Elternteils empfindet schlicht reine Liebe zu den hinterbliebenen Kindern.

Sie sollten keine Angst davor haben, mit den Verstorbenen zu sprechen. Sie können einen Elternteil oder jede Seele darum bitten, sich bei Gott für Sie einzusetzen, wenn Sie sich Hilfe in Ihrem Leben wünschen. Ich vermisse meinen Vater immer noch, aber die Tatsache, dass er im Himmel ist und Gott und seine Engel darum bittet, mir und meiner Familie zu helfen, spendet mir enorm viel Trost.

Vor Kurzem besuchte ich Tschechien und die Slowakei. Im Flugzeug sagten mir die Engel, die bei mir waren, ich würde etwas erleben, das mein Herz berühren werde. Mehr verrieten sie mir allerdings nicht.

Ich befand mich im wunderschönen Saal des Palais Lucerna in Prag und hatte bereits etwa die Hälfte der über 1000 anwesenden Menschen gesegnet, da erkannte ich plötzlich, was die Engel gemeint hatten. Es waren viele junge Leute da – zum Teil waren sie in Gruppen gekommen –, um sich segnen zu lassen. Aber es war ungewöhnlich, wie viele dieser jungen Menschen mich, häufig in gebrochenem Englisch, darum baten, ihre Eltern zu segnen statt sie selbst. Das war zwar gelegentlich bereits vorgekommen, aber nie in einem solchen Ausmaß.

Ein junger Mann von etwa siebzehn Jahren sagte mit Tränen in den Augen zu mir: »Meine Eltern sind so gestresst. Daher wünsche ich mir eine Segnung für sie. Ich möchte so gerne, dass meine Eltern glücklich sind.«

Der Schutzengel des jungen Mannes war hinter ihm. Er hielt ihn fest und forderte mich auf, in dessen Augen zu schauen. Ich tat, wie er mich geheißen hatte, und sah, dass sie enorm viel Liebe ausstrahlten. Der junge Mann liebte seine Eltern zutiefst und hoffte inständig, der Segen möge ihnen mehr Freude in ihrem Leben bescheren. Ich sprach ein Gebet dafür, dass es so kommen möge, und segnete ihn.

Ich war sehr berührt von der großen Anzahl der jungen Leute, die so besorgt um ihre Eltern waren.

Es war, als würden diese Jugendlichen aufmerksam wahrnehmen, was im Leben ihrer Eltern passierte, als hätten sie großen Anteil daran. Sie kannten ihre Eltern auf eine umfassende Weise und nahmen sie als Individuen wahr. Dieses Bewusstsein stärkte ihre Liebe zu ihnen.

Ich habe keine Erklärung dafür, warum ich diesem Phänomen so intensiv in Tschechien und der Slowakei begegnete. Vielleicht hat es etwas mit der jüngeren Geschichte dieser Länder zu tun. Jedenfalls würde ich gern auf der ganzen Welt eine solch tief empfundene Liebe und Wertschätzung gegenüber den Eltern erleben.

Kapitel 7

# Die Liebe zu Tieren

Tiere habe ich schon immer geliebt, und während ich dies schreibe, bin ich stolze Besitzerin eines Kaninchens mit einer Scheinschwangerschaft, zweier Kanarienvögel, eines kleinen Hundes namens Holly, der nicht sehr gut laufen kann, und außerdem bin ich gerade gefragt worden, ob ich zwanzig Legehennen ein Zuhause geben kann. Tiere waren schon immer ein wichtiger Teil meines Lebens.

Als sieben- oder achtjähriges Kind habe ich viel Zeit allein verbracht. Häufig spielten die Engel mit mir Verstecken. Sie ließen es mich so spielen, als würde ich nach einem Tier suchen. Die Engel gaben mir Hinweise – eine Bewegung im Gras, das Geräusch von raschelndem Laub, ein springender Fisch im Wasser. Manchmal flatterte ein Vogel vom Rasen auf und flog langsam und niedrig, sodass ich ihm folgen konnte.

Eines Nachmittags spielten die Engel nicht Verstecken mit mir, sondern wiesen mich an, schnell zu laufen – ein Tier benötige meine Hilfe. Die Engel zeigten mir den Weg. Als ich mich dem Ort näherte, zu dem sie mich führten, bedeuteten sie mir, mich langsam und leise vorwärtszubewegen. Ich befolgte ihre Anweisungen und erblickte unter einer Ansammlung von Büschen ein Kaninchen, das von sechs Engeln umgeben war. Sie streichelten und beruhigten es. Es hatte sich mit einer Pfote in einem Stück Draht von einem Zaun verfangen. Das Tier war panisch. Ich näherte mich sehr vorsichtig und hatte große Angst, dass es vor lauter Panik sterben würde. Die Engel beruhigten es weiterhin, als ich meine Hand ausstreckte, es sanft streichelte und leise zu ihm sprach.

Es war sehr schwierig, die Pfote des Kaninchens aus dem Draht zu befreien, und ich bat Gott und die Engel, mir dabei zu helfen. Der Draht zerkratzte meine Haut, und meine Hand war voller Schrammen, als ich das Kaninchen endlich freibekam.

Es hoppelte ein Stück davon, dann drehte es sich um und sah mich einen Moment lang an, bevor es fortrannte. Ich war sehr glücklich, dass es wieder frei war. Ich hatte das Tier aus Hilfsbereitschaft befreit, aber die Engel, die an diesem Tag bei mir waren, erklärten mir, dass das, was wir manchmal als Hilfsbereitschaft, Güte oder Freundlichkeit bezeichnen, in Wirklichkeit »Liebe« ist.

Ein paar Jahre später sollte ich das besser verstehen, als ich mit meinem Vater aufs Land fuhr. Wir gingen oft zum Angeln in einem kleinen Dorf mit einem Fluss, und ich lernte dort einige Farmer aus der Umgebung kennen. Darunter war auch eine Frau, die auf mich immer sehr alt wirkte. Wahrscheinlich war sie gar nicht so alt, aber sie trug stets eine Schürze und hatte eine altmodische Frisur. Sie war sehr mürrisch und hatte überhaupt nichts Freundliches an sich. Dabei versicherten mir die Engel, sie sei eine gütige Frau.

Eines Tages lief ich gerade um eine Scheune in ihrem Hof herum, da sah ich, wie sie beim Scheunentor ein kleines Kätzchen hochhob und es auf dem Arm hielt. Ich nahm die Kraft der Liebe wahr, die von ihr ausströmte und auf das Kätzchen gerichtet war. Es war, als habe ihr Herz sich geöffnet und als ströme die gesamte Liebe heraus, die sie unter Verschluss gehalten hatte. Ich erkannte Blut auf ihrer Hand, und mir wurde klar, dass das Kätzchen irgendeine Verletzung hatte.

Die Engel bei mir bemerkten: »Wir haben dir ja gesagt, dass sie eine gütige Frau ist. Sie will nicht, dass irgendjemand diesen Teil von ihr sieht, weil sie denkt, die Liebe mache sie verwundbar und schutzlos gegen Verletzungen. Aber als sie das kleine Kätzchen gesehen hat, konnte sie die Liebe in ihrem Inneren nicht mehr zurückhalten, sie strömte einfach aus ihr heraus.«

Unmittelbar danach erblickte die Frau mich und zischte barsch: »Was hast du hier zu suchen?« Ich ignorierte ihre Frage, ging auf sie zu und erkundigte mich nach der Katze.

Sie sah ziemlich unwirsch zu dem Kätzchen hinab und erwiderte: »Ich wollte nur nett sein. Das hätte jeder für ein verletztes Tier getan.« Sie spielte ihre Gefühle herunter; aber die Engel sagten mir, dass Güte Liebe ist.

Das sollten wir alle erkennen. Wenn wir gütiger sind und mehr Liebe hinauslassen, können wir so viel in dieser Welt verändern.

Als ich frisch verheiratet war und in Maynooth wohnte, sah ich gelegentlich einen Mann, der stets ein paar Stöckchen in der Hand trug. Auf seiner linken Seite trottete immer ein großer schwarzer Hund mit einem Stöckchen im Maul hinter ihm her. Aus irgendeinem Grund lief der Hund *immer* auf der linken Seite des Mannes. So wie der Mann war auch der Hund bereits in die Jahre gekommen, und beide hatten Schwierigkeiten beim Laufen.

**Die Engel sagten mir, dass Güte Liebe ist.**

Ich nahm die Kraft der Liebe wahr, die von dem Mann zu seinem Hund strömte. Sie war sehr intensiv und ging nicht nur von seiner Hand oder einem anderen Körperteil aus, sondern kam aus jeder Faser von ihm.

Viele Menschen lieben ihre Tiere, das ist mir bewusst, aber ich sehe nur selten eine Liebe zu einem Tier, die mit einer solchen Intensität strömt. Der Hund konnte die große Liebe des Mannes spüren, deshalb blieb er stets eng an dessen Fersen geheftet.

Eines Tages erblickte ich den alten Mann schlafend im Gras auf der anderen Seite des Kanals, als ich auf dem Weg zum Einkaufen war. Der Hund lag neben ihm und hatte seinen Kopf auf das Knie des Mannes gelegt. Ich war wirklich überrascht, welch große Liebe von dem Mann zu seinem Hund strömte, sogar während er schlief. Nur in sehr seltenen, besonderen Fällen nehme ich die Kraft der Liebe bei einem schlafenden Menschen wahr. Die Liebe dieses Mannes zu seinem Hund war so intensiv, dass sie fortwährend zu ihm strömte, 24 Stunden am Tag.

Auf meinem Rückweg wollte ich die kürzere Strecke nehmen, weil ich einige Einkäufe tragen musste, aber der Engel Hosus sagte mir, ich müsse wieder am Kanal entlanggehen. Der alte Mann und sein Hund schliefen immer noch am gleichen Platz, aber nun waren sie von Engeln umgeben.

Der Engel Hosus machte mich darauf aufmerksam, dass es für den alten Mann an der Zeit sei aufzuwachen. Es sei nicht gut für ihn, so lange auf dem harten Boden zu liegen. Als er das zu mir sagte, streckte einer der Engel seine Hand aus und begann den Hund zu streicheln. Das Tier wachte auf, hob den Kopf und leckte den Mann dann sanft wach.

Ich sah aber noch etwas anderes – etwas, das ich noch nie wahrgenommen hatte und nicht ganz verstand. Ich wandte mich zu Hosus um und fragte ihn: »Dieser feine Nebel, der von dem Hund zu dem Mann strömt, ist das die Kraft der Liebe?« Hosus nickte. Ich hatte sie noch nie von einem Tier zu einem Menschen strömen gesehen. »Wie ist es einem Tier möglich, einen Menschen so zu lieben?«, fragte ich mich.

Ich möchte Ihnen gern ein bisschen erklären, auf welch unterschiedliche Weise Tiere und Menschen lieben. Wir Menschen sind reine Liebe und fähig dazu, anderen enorm viel Liebe zu schenken, sofern wir nicht zu viel davon einsperren. Die Liebe von Menschen kann die Welt verändern.

Der größte Teil der Liebe, die von einem Tier kommt, ist menschliche Liebe, die gespiegelt wird. Wenn wir in die Augen eines geliebten Tiers blicken, sehen wir dort Liebe. Es ist die Liebe, mit der wir das Tier überhäuft haben und die nun zu uns zurückreflektiert wird.

Diese zurückreflektierte Liebe ist voller Trost, aber sie unterscheidet sich von der menschlichen Liebe und ist weniger intensiv.

Bei dem alten Mann und seinem Hund habe ich die Liebe das einzige Mal als physische Kraft gesehen. Dazu kam es, weil der alte Mann den Hund mit Liebe nicht nur überhäufte, wenn er wach war, sondern rund um die Uhr.

Der Hund leckte das Gesicht des Mannes ab, und dieser kam langsam zu sich. Dann stand er auf, spazierte zum anderen Ufer des Kanals und kam auf mich zu. Als die beiden an mir vorübergingen, hob der Mann seine Hand kurz zum Gruß, und der Hund drehte den Kopf in meine Richtung und sah mich an. In den darauffolgenden Jahren sah ich die beiden hin und wieder. Stets bemerkte ich die Kraft der Liebe, die von dem Hund ausging und zu dem Mann strömte. Es war sehr besonders, das zu sehen.

Tiere sind sehr sensibel und spüren unsere Emotionen intensiver als viele Menschen. Daher lässt sich ein geliebtes Tier in unserer Nähe nieder, wenn wir traurig und niedergeschlagen sind, und spendet uns großen Trost. Manchmal haben Menschen deshalb das Gefühl, ihr Tier verstehe sie besser als die Menschen in ihrem Umfeld. Tiere sind ein Geschenk Gottes. Sie schenken uns viel Freude und tragen viel zu unserem Leben bei.

Unsere Tiere kritisieren uns nicht. Das ist einer der Gründe, warum es so eine Freude ist, sie um uns zu haben. Niemand ist vollkommen. Weder ich noch Sie noch irgendjemand sonst. Daher fordern menschliche Beziehungen uns und verlangen uns gewisse Dinge ab. Doch wir sollten die Loyalität und Zuneigung eines Tieres nicht mit der menschlichen Liebe verwechseln.

Als ich etwa acht Jahre alt war, ging ich regelmäßig an einem kleinen Haus vorbei, in dem ein blonder Labrador wohnte. Der Hund war stets draußen und wartete darauf, dass sein Besitzer – ein Jugendlicher, der noch zur Schule ging – nach Hause kam. Ich beobachtete das mehrere Jahre lang. Anfangs kam der Junge von der Schule nach Hause, und später kehrte er von der Universität oder von der Arbeit heim. Manchmal sah ich, wie der junge Mann und sein Hund in dem kleinen Vorgarten auf dem Rasen herumrollten. Eine große Freundschaft verband die beiden miteinander.

Eines Tages war der Hund nicht mehr da. Ich hatte keine Ahnung, was passiert war. Ich befragte die Engel, bekam aber keine Antwort. Etwa eine Woche lang sah ich den Hund nicht und wusste nicht, was los war.

Als ich eines Tages wieder an dem Haus vorbeiging, saß der junge Mann allein auf dem Rasen im Vorgarten. Er war von Engeln umgeben. Die Engel bei mir forderten mich auf, langsam zu gehen. Die Engel, die den jungen Mann umgaben, trösteten ihn. Da wusste ich sicher, dass der Hund gestorben war. Es machte mich traurig, dabei kannte ich nicht einmal den Namen des Hundes. Aber der junge Mann war todunglücklich, das war mir klar.

Als er so dasaß, ging ein Engel auf ihn zu. Er wurde von dem Geist des Hundes begleitet. Tiere haben keine Seele, aber den Engeln zufolge sorgt Gott dafür, dass das Tier im Himmel auf uns wartet, wenn wir es wirklich geliebt haben und es ein wichtiger

Teil unseres Lebens war. Der junge Mann konnte den Geist des Hundes natürlich nicht sehen. Ich sprach ein kleines Gebet dafür, dass der Mann die Präsenz des Hundes spürte oder seine Berührung wahrnahm und wusste, dass er für ihn da war.

Die Engel bei mir sagten mir, der Schutzengel des Mannes werde dem Geist des Hundes erlauben, ab und zu bei ihm zu sein, wenn er am meisten Unterstützung und Hilfe benötigte.

Manchen Menschen fällt es schwer zu glauben, dass Tiere keine Seele haben. Aber sie haben tatsächlich keine! Ich kann Ihnen nur sagen, was ich gesehen habe und was mir durch Gott und die Engel übermittelt wurde. Gott hat jedem von uns – jedem Mann, jeder Frau und jedem Kind – eine Seele geschenkt.

Gott hat keinem Tier eine Seele geschenkt. Ich habe keine Ahnung, warum das so ist, und ich weiß, dass es einige von Ihnen enttäuschen wird, aber ich kann Ihnen nur sagen, was mir kundgetan wurde. Selbst wenn jemand ein Tier wirklich liebt, kann das Tier keine Seele entwickeln.

Die Engel helfen den Tieren, aber kein Tier hat einen Schutzengel. Uns wurden Schutzengel zur Seite gestellt, weil wir Seelen haben. Unsere Schutzengel sind die Torhüter unserer Seelen. Ich sehe zwar Engel, die Tieren helfen, aber es sind nicht annähernd so viele wie bei den Menschen. Wenn ich zum Beispiel über ein Weidegatter schaue, sehe ich in der

Regel keine Engel auf einer Wiese mit Kühen. Nehme ich einen Engel bei einem Tier wahr, ist das meistens ein Hinweis darauf, dass das Tier Hilfe braucht oder sich durch Menschen in Gefahr befindet.

Als Kind ließen die Engel mich zum Beispiel sehen, dass ein Fuchs ein Kaninchen fing, um es zu fressen. Die Engel griffen nicht in Situationen wie diese ein. Sie erklärten mir, der Fuchs brauche die Beute, um seine Jungen zu füttern. Die Engel haben mich nie aufgefordert, kein Fleisch zu essen. Als ich in meiner Kindheit bei meiner Oma war, erklärten sie mir vielmehr, die Schweine würden gemästet, weil sie verspeist werden sollten. Ich erinnere mich daran, dass ich sie mit acht Jahren einmal fragte, ob der gebratene Speck auf meinem Teller von einem Schwein stamme, das ich kannte. Die Engel versicherten mir, das sei nicht der Fall.

Tiere haben zwar keinen persönlichen Schutzengel, aber die Engel helfen durchaus dabei, sie zu beschützen, und bitten uns, ihre Schutzengel zu sein. Vor Kurzem war ich bei dem Pferdestall, in dem meine Tochter Ruth reitet und aushilft. Ich stand gegen das Auto gelehnt, das bei einer Koppel geparkt war, und wartete auf Ruth. Ungefähr zwanzig Engel befanden sich außerhalb des Koppelgeländers. Sie standen einfach da und sahen einem Mann zu, der sein Pferd auf der Koppel sattelte. Bei dem Mann waren vier weitere Engel. Ehrlich gesagt machte ich mir keine weiteren Gedanken über die Engel.

Ich sah, wie Ruth und Anne, die Besitzerin des Reitstalls, ein wunderschönes Pferd aus dem Stall herausführten. Ein paar Engel waren bei ihnen und flüsterten den beiden jungen Frauen immer wieder etwas ins Ohr. Die beiden schienen nichts davon zu bemerken. Sie plauderten und lachten miteinander und blieben hin und wieder stehen. Als sie wieder einmal anhielten, legte einer der Engel seine Hand auf das Pferd, als würde er es auffordern, sich in Richtung der Koppel zu bewegen.

Ich erschrak fürchterlich, als all die Engel außerhalb der Koppel plötzlich über das Geländer sprangen. Gleichzeitig kam eine Brise auf, die Ruth und Anne dazu veranlasste, zur Koppel zu schauen. Eben begann der Mann, der dort mit dem Pferd stand, brutal und wütend mit einer Gerte auf das Tier einzuschlagen. Es war schockierend.

Der Mann war von Engeln umgeben, die ihm etwas zuflüsterten, aber es gelang ihnen nicht, ihn zum Zuhören zu bewegen. Ohne menschliche Hilfe waren sie körperlich nicht in der Lage einzugreifen. Anne rannte brüllend auf ihn zu: »Hören Sie sofort damit auf! In meinem Stall werden Pferde nicht geschlagen.« Sie kletterte über das Geländer, rannte zur Mitte der Koppel und riss dem Mann die Gerte aus der Hand.

Das Pferd war von Engeln umringt, die es zu beruhigen versuchten, als Anne die Zügel nahm und das Tier wegführte. Dabei sprach sie sanft zu ihm. Sie rief Ruth zu und bat sie, das andere Pferd auf die Koppel zu bringen, damit das arme misshandelte Pferd durch dessen Anwesenheit getröstet wurde.

Ich habe nie erfahren, warum der Mann das Pferd so grausam behandelt hat. Ruth hat mir gesagt, dass er nicht mehr zu Annes Stall kommt. Jedenfalls haben die Engel sich an diesem Tag sehr für den Schutz des Pferdes eingesetzt.

Grausamkeit gegenüber Tieren ist in jedem Fall inakzeptabel. Wir sind alle dazu aufgerufen, auf Situationen zu achten, in denen Tiere misshandelt werden, und aktiv zu werden, wenn dies der Fall sein sollte. Wir sind dazu aufgerufen, uns als Schutzengel für alle Tiere einzusetzen, nicht nur für Haustiere.

Kurz nachdem Megan und ich nach Johnstown gezogen waren, suchte ein Mann mich auf. Wir steckten noch mitten in den Renovierungsarbeiten, und ich habe keine Ahnung, woher der Mann wusste, dass ich dort wohnte. Er parkte auf der Zufahrt und kam praktisch auf eine Baustelle. Er war klein und untersetzt, benutzte einen Gehstock und war von Engeln umgeben. Als er näher kam, öffnete sich das Licht seines Schutzengels, und ich konnte sehen, dass er die Seele des Mannes hielt. Der Schutzengel sah mit großem Mitgefühl zu dem Mann hinunter. Mir musste niemand mehr sagen, dass die Zeit des Mannes bald gekommen sein würde.

Nach einer kurzen Unterhaltung über die Renovierungsarbeiten – wie sich herausstellte, hatte der

Mann das alte Cottage schon zur Zeit eines früheren Vorbesitzers gekannt – fasste er den Mut, mir zu sagen, warum er *eigentlich* zu mir gekommen war. Er wusste, dass er bald sterben würde, und hatte große Angst davor. Sein Schutzengel sagte mir, er habe niemanden sonst, dem er sich mit seiner Angst anvertrauen könne.

Sein Schutzengel bat mich, den Mann zu fragen, ob er je ein Tier gehabt habe, das er sehr liebte. Er bejahte meine Frage und erzählte mir, dass er viele Jahre lang einen Collie namens Rex gehabt hatte und der Hund ihm sehr ans Herz gewachsen war. »Rex starb vor zwei Jahren in meinen Armen. Ich wünschte, er wäre jetzt in diesen schweren Stunden für mich da.«

Ich fragte ihn, ob er je die Präsenz von Rex spüre. Und während ich ihn das fragte, tauchte ein Engel mit einem wunderschönen braun-cremefarbigen Collie auf. Der Engel legte den Finger an den Mund und signalisierte mir auf diese Weise, dass ich dem Mann nichts über die Anwesenheit des Hundes sagen sollte.

Der Mann sah mich auf eine eigenartige Weise an und sagte: »Manchmal glaube ich, Rex zu hören. Er mochte es nicht, wenn man ihm die Krallen stutzte, deshalb schob ich den Tierarztbesuch immer möglichst hinaus. Nun höre ich manchmal, wie er mit kratzendem Geräusch neben mir herläuft.

Sein Schutzengel bat mich, dem Mann zu sagen, Gott sorge dafür, dass Rex im Himmel auf ihn warte.

Außerdem sei der Hund da, um den Mann zu trösten, wenn er ihn brauche.

Der Mann sah nun, da er wusste, dass er seinen geliebten Collie wiedersehen würde, viel glücklicher aus, als er sich von mir verabschiedete.

Wenn Sie ein Haustier haben oder hatten, das ein wichtiger Teil Ihres Lebens ist beziehungsweise war und das Sie wirklich geliebt haben, wird Gott ebenfalls dafür sorgen, dass es Sie im Himmel erwartet.

Kapitel 8

# Die Liebe zu Kindern

Jede Generation der Menschheit ist dazu bestimmt, mehr zu lieben als die vorhergehende. Das ist Gottes Plan für unsere Evolution. Die Evolution kann sich aber nur auf diese Weise vollziehen, wenn unsere Kinder mehr lieben und mitfühlender sind als wir. Die Engel haben mir gesagt, dazu sei es viele Generationen lang gekommen. Aber diese Evolution habe sich in den letzten beiden Generationen verlangsamt. Es besteht die Gefahr, dass die Kinder der nächsten Generation kaltherziger werden statt liebevoller. Und das wird *unsere* Schuld sein!

Kinder (Teenager sind übrigens auch noch Kinder) beobachten Erwachsene und lernen ständig von ihnen. Da unsere Welt materialistischer und weniger mitfühlend geworden ist, sehen die Kinder weder genug Liebe in ihren eigenen Familien noch in ihrem Umfeld oder der Welt insgesamt. Wir leben im 21.

Jahrhundert. Wir sehen so viele Fortschritte in vielen Bereichen, aber trotzdem gibt es zum Beispiel in Irland, wo ich lebe, Kinder, die hungrig zur Schule gehen, Kinder, die obdachlos sind, Kinder, die keinen Anspruch auf psychologische Betreuung haben und über keine guten Bildungschancen verfügen. Und global gesehen gibt es Kinder, die verhungern, an heilbaren Krankheiten sterben und in sinnlosen Kriegen getötet werden. Ist es denn ein Wunder, dass Kinder kaltherzig werden, wenn Erwachsene so tun, als wäre all das normal und tolerierbar?

Diese Situation könnte uns überfordern. Wir könnten der Meinung sein, dass wir als Einzelne nichts daran ändern können, daher möchte ich Ihnen drei Dinge sagen, die jeder Einzelne von uns den Engeln zufolge tun kann und muss:

- Wir sollten mehr Zeit mit Kindern verbringen.
- Wir sollten den Kindern ein Vorbild sein.
- Wir sollten uns für Kinder einsetzen und von unserer Regierung, von politischen Führern und internationalen Institutionen fordern, Kindern gerecht zu werden, und die Verantwortlichen zur Rechenschaft ziehen, wenn sie die Forderung nicht erfüllen.

»Wenn ich dir das Geld aus meinem Sparschwein gebe, verbringst du dann Zeit mit mir, Dad?« Ein Vater erzählte mir, er sei entsetzt gewesen, als sein siebenjähriger Sohn ihn das fragte. Er war sehr betroffen und schämte sich, dass sein Sohn dachte, er müsse ihm etwas bezahlen, damit er als Vater Zeit mit ihm verbrachte. Der Mann war so erschüttert, dass er in den zwei Jahren, seitdem das passiert war, viele Dinge in seinem Leben verändert hat, um mehr Zeit mit seinen Kindern verbringen zu können.

Die Engel sagen mir, uns Erwachsenen gehe es zu sehr um unsere eigene Erfüllung. Kinder haben in unserer Welt nicht mehr eine so große Bedeutung, und wir nehmen uns weniger Zeit für sie.

Dabei geht es nicht nur um die Eltern. Es betrifft jeden. Wir alle müssen uns gezielt darum bemühen, mehr Zeit mit Kindern zu verbringen. Wir sollten innehalten und mit Kindern sprechen, denen wir in unserem Alltag begegnen. Wir sollten unser Bestes tun, um die Namen und Interessen der Kinder aus unserer Nachbarschaft kennenzulernen. Wir alle haben Begabungen, Interessen und Hobbys und sollten diese Interessen sowie unsere Begeisterung dafür mit den Kindern in unserem Umfeld teilen.

Wir befassen uns nicht genug mit Kindern, egal welcher Altersgruppe sie angehören – angefangen bei den ganz Kleinen bis hin zu den Teenagern. Kleine Kinder müssen lernen zu kommunizieren, und es ist sehr wichtig, ihnen die Zeit zu geben, diese Fähigkeit zu entwickeln. Wenn kleine Kinder mit uns sprechen möchten, sollten wir unterbrechen, was wir gerade tun, ihnen aufmerksam zuhören und ihnen all die Zeit schenken, die sie benötigen.

**Wenn wir den Kindern in unserer Welt nicht helfen, werden die Kosten für die künftigen Generationen unkalkulierbar sein.**

Viele Menschen haben Angst davor, sich auf Teenager einzulassen. Sie fürchten den Zorn oder den Spott der Jugendlichen und sind manchmal auch körperlich von ihnen eingeschüchtert. Die Engel sagen mir, die Teenager von heute seien isolierter als in jeder früheren Generation. Das hat folgende Gründe: Sie verbringen nicht mehr genug Zeit mit der Familie, aber zu viel Zeit in sozialen Medien. Zudem beschäftigen sich viele Erwachsene nur ungern mit ihnen oder haben Angst davor.

Teenager brauchen unseren Respekt und unser Engagement. Wenn sie die Welt betrachten, kommt diese ihnen häufig wie ein unbegreiflicher Ort vor. Wir sollten mit ihnen sprechen und ihnen die Zeit und die Möglichkeit geben, Dinge zu erkunden. Es macht so viel Spaß, Zeit mit Jugendlichen zu verbringen. Wenn wir das versäumen, enthalten wir ihnen und uns selbst etwas vor.

Die Engel sagen mir, dass Kinder und Jugendliche heutzutage weniger Güte und Liebe bei den Erwachsenen wahrnehmen, dafür aber mehr Egoismus und Niedertracht. Wie sollen sie jedoch angesichts solcher Leitbilder zu fürsorglichen und liebevollen Menschen heranwachsen? Jedem Erwachsenen sollte bewusst sein, dass er ein Vorbild für Kinder und Jugendliche ist.

Kinder sehen zu ihren Eltern auf und erwarten von ihnen, Vorbilder zu sein, aber viel zu wenigen Eltern ist das bewusst. Häufig sind sie schlechte Vorbilder, selbst wenn sie ihr Bestes tun. Viel zu häufig füllen Kinder diese Lücke, indem sie sich an »Prominenten« orientieren. Dies geschieht immer häufiger, da Kinder Zugang zu mehr Medien haben, und das in einem immer jüngeren Alter. Bei den meisten dieser Leitbilder geht es darum, erfolgreicher, berühmter, attraktiver und wohlhabender als andere zu sein. Sie erzeugen Erwartungen bei den Kindern, die sich nur für wenige erfüllen werden und häufig ein schlechtes Vorbild bieten. Kinder müssen sich mit Vorbildern aus ihrem größeren Familienkreis oder ihrem persönlichen Umfeld identifizieren können – mit Menschen, die ein liebevolles, erfülltes Leben führen, mit verschiedenen Passionen und voller Freude.

Jedes Mal, wenn wir etwas tun – wenn wir jemandem im Bus einen Sitzplatz anbieten, einen anderen Menschen anlächeln, einen Autofahrer beschimpfen, der uns unserer Meinung nach geschnitten hat, oder eine rassistische Bemerkung machen –, geben wir den Kindern ein Beispiel. Wir sollten uns dessen bewusster sein und uns fragen, ob wir ein gutes Vorbild für die künftigen Generationen sind.

Ich bin extrem frustriert angesichts des mangelnden Fortschritts in der Welt, was die Kinder betrifft. Kinder sind nicht in der Lage, für sich selbst einzutreten, daher müssen wir es für sie tun. Diesbezüglich haben wir bisher versagt. Wie können wir uns selbst in die Augen schauen, wenn Kinder immer noch verhungern, an heilbaren Krankheiten sterben, als Sklaven arbeiten oder in sinnlosen Kriegen getötet werden? Die Engel sagen mir, dass wir längst nicht dort sind, wo wir bereits sein sollten, weil wir die Herrschaft an Menschen abgegeben haben, die Macht und Geld vor die Belange der Kinder stellen.

Gott und die Engel haben mir immer wieder den Terror gezeigt, dem viele Kinder ausgesetzt sind. Mir wurde es ermöglicht, ihr Leid und ihr Elend zu spüren, das Gefühl der Hilf- und Hoffnungslosigkeit, wenn niemand ihnen zu Hilfe kommt. Stellen Sie sich vor, eines Ihrer Kinder wäre von einer solchen Situation betroffen – Sie wären nicht in der Lage, ihm zu helfen, und auch sonst würde es keiner tun. Die Welt würde zusehen, wie Ihr Kind leidet.

Trotzdem stehen wir nicht auf und fordern nicht von der Welt, die unnötigen Schrecken und das sinnlose Leid der Kinder zu beenden.

Es gibt ein paar Menschen, die tatsächlich aufstehen und ihre Stimme erheben. Sie versuchen, etwas zu verändern, aber es sind zu wenige. Und der Rest von uns bietet ihnen nicht annähernd genug Unterstützung. Zu häufig stoßen die Bitten solcher Leute auf taube Ohren, oder man sagt ihnen, es sei aus wirtschaftlichen Gründen nicht sinnvoll, eine bestimmte Veränderung herbeizuführen. Doch wenn es um die Kinder geht, ist jede Entscheidung, die primär auf wirtschaftlichen Erwägungen beruht, falsch. Das versichere ich Ihnen. Wenn wir den Kindern in unserer Welt nicht helfen, werden die Kosten für die künftigen Generationen unkalkulierbar sein. Sie können sich bestimmt vorstellen, wie Kinder, die gelitten haben, während die Welt zusah und nichts tat, als Erwachsene sein werden.

Wir müssen erwachsen werden und unsere Prioritäten richtig setzen. Jeder von uns muss sich entscheiden. Lieben wir die Kinder dieser Welt? Das ist keine schwammige Frage oder Entscheidung. Wenn wir Kinder lieben, müssen wir uns erheben und handeln. Wir müssen unseren persönlichen Beitrag leisten und dafür sorgen, dass unsere Regierungen und die internationalen Institutionen das Richtige tun. Und wenn sie es nicht tun, müssen sie zur Verantwortung gezogen werden.

Kapitel 9

# Das eigene Leben bewusst lieben

Nach der Mittagspause ging die junge Frau auf dem Weg zurück zur Arbeit die Straße entlang. Aus ihrem gesamten Körper brach ein feiner Nebel hervor, der durchsichtig war, aber mit winzigen silbernen Funken aufgeladen zu sein schien. Er löste sich mit einer solchen Kraft von ihr, dass er sich manchmal über einen Meter von ihr entfernte und sie wie eine feine Blase umgab. Dieser Nebel schien sie körperlich und geistig mit Energie aufzuladen. Als ich mich ihr näherte – in Begleitung des Engels ohne Namen, der knapp hinter mir war –, konnte ich sehen, dass der Nebel ihren Geist zu klären schien wie ein Hauch frischer Luft, der ihr gestattete, klar zu denken.

Als ich an der jungen Frau vorbeiging, streifte ich den Nebel und durfte ihn für den Bruchteil einer Sekunde auf meinem bloßen Unterarm spüren. Er kribbelte auf eine sehr angenehme Weise auf der Haut.

Die Energie war keine Liebe, sondern etwas, das ich als Lebenslust bezeichne. Die junge Frau liebte ihr Leben und nahm alles um sie herum mit wachen Sinnen wahr. In diesem Moment wollte sie nichts in der Welt lieber tun, als auf der Straße zurück zur Arbeit zu laufen.

Der Engel ohne Namen erklärte mir, die Energie sei nicht etwa deshalb vorhanden, weil an diesem Nachmittag etwas Besonderes in der Arbeit passieren werde oder weil die junge Frau in ihrem »Traumjob« tätig war – denn das war nicht der Fall. Die Energie war da, weil sie es sich zur Gewohnheit gemacht hatte, all die kleinen alltäglichen Dinge zu lieben, die sich in ihrem Leben zutrugen.

Zusätzlich zu ihrer Lebenslust nahm ich bei ihr noch etwas anderes wahr: ihre Liebe sich selbst gegenüber. Sie strömte sanfter und langsamer und hatte mehr Substanz als der feine Energienebel, der mit ihrer Lebenslust verknüpft war. Ihre Eigenliebe strömte von ihr fort, zog sich dann wie eine Welle wieder zurück und überflutete sie.

Diese junge Frau liebte sich selbst *und* sie liebte ihr Leben.

Nur wenige von uns lieben das Leben genug. Nur äußerst wenige lieben es in dem Maße wie diese junge Frau. Die meisten von uns lassen sich die Freude am Leben durch Kleinigkeiten verderben. Darüber hinaus gewöhnen wir uns an, all die wunderbaren Dinge in unserem Leben zu übersehen. Diese schlechte Angewohnheit beginnt schon in einem sehr frühen Alter. Wenn ich ein kleines Kind sehe, das seinen Willen nicht bekommt, beobachte ich manchmal, wie es seine Lebenslustenergie nach innen zieht. Allerdings hält das bei einem kleinen Kind in der Regel nicht lange an, und innerhalb von ein paar Minuten bricht seine Energie wieder aus ihm heraus.

Wenn wir diese Energie als Erwachsene nicht regelmäßig aus uns heraussprudeln lassen, brauchen wir unter Umständen etwas länger, um uns daran zu erinnern, wie das geht. Je bewusster Sie das Leben lieben, desto mehr von dieser Energie bauen Sie auf. Sie hilft Ihnen körperlich und geistig.

Es ist wichtig, die Lebenslust mit in die Arbeit zu nehmen, egal worum es sich dabei handelt. Der Job muss Sie nicht begeistern – er kann weit von dem entfernt sein, wonach Sie streben –, aber wenn Sie ihn mit Lebenslust angehen, werden Sie in der Lage sein, Spaß dabei zu haben, Ihre Arbeit gut zu machen und Chancen, die der Job mit sich bringt, bestmöglich zu nutzen.

Als ich vor Kurzem durch den Zürcher Flughafen lief, lenkten die Engel meine Aufmerksamkeit auf zwei junge Männer, die als Reinigungskräfte im Flughafen arbeiteten. Ich fuhr die Rolltreppe hinauf, die beiden fuhren in der entgegengesetzten Richtung hinunter. Dabei reinigten sie die Rolltreppe. Bei einem sah ich die Energie der Lebenslust strömen. Bei dem anderen nahm ich nichts dergleichen wahr. Einer der Engel erklärte mir, es sei dem Mann peinlich, zum Reinigungspersonal zu gehören, und er hasse seine Arbeit. Der Mann, dem die Arbeit Spaß machte, tat alles, was er konnte, um seinem Kollegen zu helfen. Sie sprachen zwar Deutsch miteinander, aber die Engel bei ihnen sagten mir, dass sie sich über dieses Thema unterhielten. Neben dem unglücklichen Mann befand sich ein Lehrengel. Er hatte einen Putzlappen in der Hand und unterstützte den Mann körperlich bei der Arbeit. Auch er gab sein Bestes, um den jungen Mann zum Lachen zu bringen, aber ohne Erfolg.

Sobald Sie mit Lebensfreude an die Arbeit oder irgendeine andere Aufgabe herangehen, werden Sie zuversichtlicher und beginnen, das Positive an Ihrer Tätigkeit zu sehen. Sie erkennen, wie gern Sie mit Ihren Kollegen zusammen sind oder wie nett viele Ihrer Kunden sind. Oder Sie freuen sich einfach darüber, mit einer Lohntüte nach Hause zu gehen. Wenn Sie mit einer solchen Lebensfreude an die Arbeit herangehen, verfügen Sie geistig und körperlich über mehr Energie und sind in der Lage, Ihren Job besser zu erledigen. Sie sind offen dafür, Chancen zu erkennen und zu nutzen, neue Dinge zu lernen oder einen neuen Job anzunehmen. Es hilft Ihnen, im Leben vorwärtszukommen. Menschen, die das Leben wirklich lieben, haben häufig nicht die bedeutendsten

Jobs. Sie benötigen möglicherweise nicht so viele Impulse und so viel Anerkennung wie andere, haben aber häufig ein erfüllenderes und glücklicheres Arbeitsleben als diejenigen, denen ein »höherer Status« wichtig ist.

Vor etwa vier Jahren fuhr ich von Maynooth nach Naas, etwa 25 Kilometer von meinem Wohnort entfernt. Ein junger Tramper stand mit ausgestrecktem Daumen an der Straße. Neben ihm befand sich ein Engel. Ich nehme Fremde nur selten mit, aber der Engel Hosus, der neben mir im Auto saß, forderte mich auf anzuhalten. Ich tat, wie er mich geheißen hatte, kurbelte das Fenster herunter, sagte dem jungen Mann, wo ich hinfuhr, und er stieg ein. Er hatte kein Wort gesagt, nicht einmal Hallo, und saß schweigend da. Ich war circa zehn Minuten gefahren, als der Engel bei ihm mich bat, mit dem Mann zu sprechen. Ich fragte ihn, ob es in Ordnung für ihn sei, wenn ich ihn in Naas absetzte, da ich nur bis dorthin fuhr. Mit einer sehr deprimiert klingenden Stimme antwortete er: »Es ist egal wo Sie mich rauslassen.« Nichts weiter. Ich fühlte mich unwohl und war verunsichert durch diesen jungen Mann. Daher war ich froh, als der Engel mich aufforderte, bei der nächsten Gelegenheit anzuhalten. Ich bog bei einem Parkplatz eines Supermarkts ein, der ungefähr auf halber Strecke nach Naas lag. Der Mann sah auf. »Fahren Sie nicht weiter?«, fragte er. »Ich dachte, Sie hätten gesagt, Sie fahren nach Naas.«

Ich sah ihn an und erwiderte: »Ich dachte, Sie hätten gesagt, es sei Ihnen egal!«

Da schrie der junge Mann mich an: »Es ist alles egal! Was hat das Leben noch für einen Sinn? Bei mir funktioniert überhaupt nichts.« Er begann zu weinen. Sein Schutzengel öffnete sich für eine Sekunde und umarmte ihn. Ich schwieg, während sein Schutzengel und der andere Engel ihn sanft ermunterten, weiter mit mir zu sprechen. Schließlich tat er es.

»Ich habe Betriebswirtschaft studiert, meinen Abschluss gemacht und hatte dann ein paar Jahre lang einen Job«, erzählte er. »Dann wurde mir gekündigt, und nun finde ich keine Arbeit mehr.« Der Engel bei ihm sagte mir, wie ich antworten sollte: »Wann hat Ihnen das Leben zum letzten Mal Spaß gemacht?«, fragte ich.

Er sah mich an, als hätte ich zwei Köpfe, aber nach einer Weile antwortete er: »Ich denke, die Schule und das Studium haben mir Spaß gemacht.« Ich fragte ihn, ob die Arbeit ihm Spaß gemacht habe, und er nickte. Der Engel bei ihm gab mir weiterhin vor, was ich sagen sollte. Ich musste mir Mühe geben, um mit ihm mitzuhalten. Er trug mir auf, dem jungen Mann zu sagen, dass er sich bei der Jobsuche daran erinnern solle, wie sehr ihm das Studium und die Arbeit gefallen hatten. Es komme nicht darauf an, welche Arbeit er habe. Er müsse vor allem eine Beschäftigung haben und sich daran erinnern, wie viel Spaß ihm das Arbeiten in der Vergangenheit gemacht habe. Das Wichtigste, was der Engel mir mit verschiedenen Worten immer wieder sagte, war, dass der Mann sich an die Zeiten erinnern sollte, in denen er die Energie der Lebensfreude gespürt hatte, um diese positive Energie in sein jetziges Leben zu übertragen.

Ich sagte dem Mann all diese Dinge, fuhr ihn dann nach Naas und ließ ihn dort aussteigen, als er mich darum bat. Ich hatte keine Ahnung, ob er mir zugehört hatte oder nicht. Aber ich machte mir ehrlich gesagt Sorgen darüber, was mit ihm geschehen würde, wenn er seine Lebensfreude nicht wiederentdeckte. In den folgenden Monaten betete ich oft für ihn.

Vor etwa einem Jahr legte ich während einer Autofahrt eine Kaffeepause in einem Hotel ein. Ein Engel wies mich an, beim Verlassen des Hotels durch die Lobby zu gehen. Das tat ich und bemerkte, dass jemand mir hinterherkam. An der Eingangstür forderte ein anderer Engel mich auf, langsamer zu gehen. Da holte mich ein junger Mann ein und fragte mich, ob ich mich an ihn erinnere. Ich schüttelte verneinend den Kopf. Es war der junge Mann – der nun in diesem Hotel arbeitete. Ich hätte ihn nie erkannt. Er sah so glücklich aus, und ich sah den feinen Nebel der Lebenslustenergie, der von ihm ausströmte. Er sagte, er hätte nicht gedacht, dass er mich wiedersehen würde, und wolle mir einfach dafür danken, dass ich ihn aufgefordert hatte, sich an die Zeiten zu erinnern, in denen er das Leben geliebt hatte.

Ich freute mich riesig, ihn zu sehen, und war sehr glücklich darüber, dass er auf mich gehört hatte.

Wir alle sollten uns dafür entscheiden, das Leben zu genießen, egal wie schwierig die Zeiten uns auch erscheinen mögen. Sie sollten sich *bewusst* dafür entscheiden, das Leben zu genießen. Es wird nicht von allein passieren, und niemand kann die Entscheidung für Sie treffen. Eine Möglichkeit, sich Ihre Lebensfreude bewusst zu machen, besteht darin, sich so wie der junge Mann an die Zeiten zu erinnern, in denen Sie diese Freude in Ihrem Leben gespürt haben.

Viele Menschen haben sich so wie er angewöhnt, das Leben nicht zu lieben. Es geschieht nicht bewusst, aber diese Gewohnheit schleicht sich offenbar leicht ein. Doch sie hat eine überaus schädliche Wirkung auf unser Leben und untergräbt unser Potenzial, glücklich zu sein. Wir müssen diese Angewohnheit loswerden, indem wir die kleinen Freuden in unserem Leben erkennen. Ich begegne Müttern, die ihr Leben als eine einzige Aneinanderreihung von Verpflichtungen sehen und vergessen, all die Momente wahrzunehmen, in denen sie es lieben, Mutter zu sein. Wenn wir uns erlauben, das Leben zu lieben, bekommen wir geistige und körperliche Energie und beginnen, mehr Sinn in unserem Leben zu sehen. Wir werden glücklicher und gesünder und sind außerdem besser in der Lage, mit den Widrigkeiten des

Lebens fertigzuwerden. Wir werden mitfühlender, liebevoller und kritisieren andere weniger.

Ich spreche nicht nur davon, die »Höhepunkte des Lebens« zu genießen, die besonderen Ereignisse, die Ferien, die Wochenenden. Es geht darum, jeden einzelnen Moment des Tages auszukosten, denn unser Leben besteht aus den gewöhnlichen Dingen. Es gibt nicht genug »Höhepunkte« in einem Leben, um jemanden wirklich glücklich zu machen. Außerdem können »Höhepunkte« zur Gewohnheit werden, und dann müssen ständig neue Höhepunkte gesucht werden.

Wenn wir uns angewöhnen, das Leben zu genießen und die guten Dinge darin wahrzunehmen, fällt es uns leichter, eine Phase der Niedergeschlagenheit zu überwinden. Wenn wir das Leben genießen, fördern wir unsere körperliche und geistige Lebendigkeit. Und das verleiht uns eine Kraft, die uns hilft, nach vorn zu schauen, wenn wir niedergeschlagen oder deprimiert sind.

Wenn ich in Dublin bin, gehe ich häufig in die Clarendon-Street-Kirche in der Nähe der Grafton Street, um ein kurzes Gebet zu sprechen. Als ich vor ein paar Monaten dort war, bemerkte ich einen jungen Mann, der ein paar Reihen von mir entfernt saß. Er fiel mir auf, weil sein wunderschöner Schutzengel sich geöffnet hatte und etwas näher bei ihm war, als es bei Schutzengeln normalerweise der Fall ist. Der Engel zeigte dem jungen Mann sehr viel Liebe.

Der Engel sah mich an und bat mich, für den jungen Mann zu beten. Kurz darauf sah der Mann in meine Richtung, und unsere Blicke trafen sich. Ich lächelte ihm zu. Er stand auf, kam zu mir und setzte sich neben mich. Er sagte, er wisse, wer ich sei, und fragte, ob er ein paar Minuten mit mir sprechen könne. Er erzählte mir, dass er sehr unglücklich sei und die Lust am Leben völlig verloren habe. Er sprach über seine Expartnerin, die bald einen anderen Mann heiraten würde. Es ärgerte ihn, aber was ihm wirklich zusetzte und ihm Angst machte, war die Tatsache, dass er seine fünfjährige Tochter, die er über alles liebte, dann viel seltener sehen würde. Wir unterhielten uns eine Weile miteinander.

**Wir alle sollten uns dafür entscheiden, das Leben zu genießen, egal wie schwierig die Zeiten uns auch erscheinen mögen.**

Sein Schutzengel blieb die ganze Zeit geöffnet und bat mich, den Mann zu fragen, ob es jemand anders in seinem Leben gebe. Er sah mich an und erwiderte, er habe eine Freundin, die er kurz nach der Trennung von seiner Partnerin kennengelernt habe. Er sei mittlerweile seit drei Jahren mit ihr zusammen. Er schien nicht wirklich glücklich darüber zu sein, dass er eine Partnerin hatte. Die Angst, seine Tochter zu verlieren, vereinnahmte ihn sehr, außerdem war Eifersucht im Spiel, weil seine Expartnerin heiratete.

Er verabschiedete sich, und ich erhob mich. Ich konnte sehen, dass er immer noch sehr niedergeschlagen war. Mir wurde aufgetragen zu bleiben und zu beten. Dann geschah etwas Wunderbares. Eine Engelschar ging in der Kirche in einer V-förmigen Formation auf den Mann zu. In jedem Schenkel des Vs befanden sich sechs Engel. Sie sahen alle gleich aus. Sie waren strahlend weiß, sehr groß und hatten spitz zulaufende Flügel, die voller Licht waren. Das V war perfekt geformt und schien zu leuchten, da sich jeder Engel im Licht der anderen Engel bewegte.

Die Engel umringten den Mann, als er sich erneut niederließ, um ein weiteres Gebet zu sprechen. Ein paar Minuten später drehte er sich um, sah zu mir und strahlte mich an. Ich fragte seinen Schutzengel, was geschehen war. Er sagte mir, der Mann habe plötzlich Lösungen sowie Chancen gesehen. Aufgrund des Gesprächs mit mir und des Einsatzes der Engel hatte er erkannt, dass er seine neue Freundin liebte und nicht nur seine Expartnerin die Chance hatte, glücklich zu sein. Er hatte plötzlich einen großen Teil seiner Angst überwunden, seine Tochter zu verlieren, und begann nun daran zu glauben, dass die Veränderungen vielleicht gar nicht so schlecht waren. Jetzt sah ich, wie Lebenslust von ihm ausströmte – es war kein heftiger Ausbruch, und sie strömte nur ein paar Zentimeter weit, aber er nahm viel mehr positive Dinge in seinem Leben wahr.

Wir alle müssen daran erinnert werden, das Leben zu genießen. Teenager haben das besonders nötig. Es frustriert mich, wenn Menschen mir erzählen, dass sie etwas nicht ausprobieren, weil sie denken, es sei langweilig. Wir alle sollten neue Dinge ausprobieren. Wir sollten sie mit der Erwartung angehen, dass sie uns Spaß machen werden, und versuchen, Aspekte dabei zu entdecken, die uns gefallen.

Es macht mir Spaß, dieses Buch zu schreiben, obwohl ich gegen einen Termin anschreibe. Die Engel haben mir schon als Kind beigebracht, Freude und Energie zu empfinden, egal was ich tue. Selbst wenn ich Schmerzen habe oder mir über etwas Sorgen mache, sagen die Engel mir, ich solle das Leben genießen.

Viele Menschen sind bereit, eine Aufgabe zu übernehmen, die andere Leute als Bürde empfinden würden. Häufig fördert ihr Engagement für diese Sache ihre Lebensfreude, und diese schenkt ihnen wiederum Energie und Kraft, um Hürden zu überwinden, die ihnen möglicherweise in den Weg gestellt werden.

Als meine Kinder in Maynooth aufwuchsen, wohnte eine reizende Frau in der Nachbarschaft. Sie war unverheiratet und hatte keine Kinder, aber sie war davon überzeugt, dass die Kinder aus der Umgebung einen Ort haben sollten, an dem sie nach der Schule spielen und sich am Wochenende aufhalten konnten. Außerdem sollten sie sich zusätzlich zu den Dingen, die sie in der Schule lernten, weitere Fähigkeiten aneignen. Ich erinnere mich, dass ich sie bei einer Parade am St. Patrick's Day in Maynooth sah.

Sie ging neben einer großen Gruppe von Kindern einher, die zum Teil Pfadfinderuniformen trugen. Ich sah die Liebe, die explosionsartig aus ihr und den Kindern herausbrach. Es war, als sei die gesamte Gruppe in einen feinen Nebel aus Lebenslust gehüllt, der von kleinen Lichtfunken erleuchtet wurde. Es war ein wunderschöner Anblick. Die Frau sah allerdings ziemlich ernst aus und lächelte nur selten. Das wunderte mich, da ihre Lebenslust aus ihr heraussprudelte und sie eigentlich hätte strahlen müssen. Ihr Schutzengel erklärte mir, sie sei der Meinung, ein Erwachsener solle nicht zu sehr aus sich herausgehen. Sie setzte sich intensiv dafür ein, diese Kinder glücklich zu machen, ihnen Lebensfreude zu vermitteln, aber sie dachte, dass Erwachsene nicht wirklich glücklich sein und es zumindest nicht zeigen sollten. Das machte mich traurig. Ihr Einsatz für die Kinder hatte ihre Lebenslust gefördert und gesteigert, aber sie hatte Vorbehalte zu zeigen, wie glücklich sie war.

Gott hat mir gesagt, dass wir dazu bestimmt sind, glücklich zu sein – dazu, jeden Schritt, jeden Atemzug gern zu tun. Manche Leute fragen mich: »Wenn das wahr ist, warum macht Gott es uns dann nicht leichter, das Leben zu lieben?« Ich weiß nicht, warum manche Menschen ein sehr schweres Leben haben, warum sie unter einer schlechten Gesundheit oder dem Verlust von geliebten Menschen leiden. Ich habe darauf keine Antwort. Aber ich glaube, dass Gott es uns viel leichter macht, das Leben zu genießen, als vielen Leuten bewusst ist. Selbst wenn das Leben schwierig ist, gibt es noch so viele Dinge, die wir lieben können.

Wir alle haben eine Verantwortung, uns gegenseitig dabei zu unterstützen, das Leben zu genießen. Zum einen durch unsere Tätigkeiten (könnten unsere Aktivitäten eine *negative* Wirkung auf die Lebensfreude eines anderen haben?) und zum anderen indem wir anderen helfen, sich der Freude bewusst zu werden, die in ihrem Leben vorhanden ist. Es ist wichtig, auf andere zuzugehen und ihnen zu helfen, wenn sie enttäuscht wurden, eine Auseinandersetzung hatten oder sich in irgendeiner Weise niedergeschlagen fühlen. Wir sind alle miteinander verbunden, daher ist es wichtig, dass wir Verantwortung für Menschen übernehmen, die unseren Weg kreuzen, nicht nur für enge Freunde oder Verwandte. Wenn wir mehr aufeinander zugehen würden – das sagen mir die Engel immer wieder –, gäbe es weniger Menschen, die einen Punkt erreichen, an dem sie keinen anderen Ausweg sehen, als sich das Leben zu nehmen.

Tatsächlich haben wir alle das Potenzial, diesen Punkt der Verzweiflung zu erreichen, diesen dunklen Punkt, an dem die Lebenslust ausgelöscht ist. Sollten Sie der Meinung sein, das könne Ihnen und den

Menschen, die Sie lieben, nie passieren, liegen Sie falsch. Aber eins der besten Mittel, um diesen Punkt zu vermeiden, ist, das Leben lieben zu lernen und sich anzugewöhnen, die guten Dinge zu sehen, die vorhanden sind, selbst wenn viele Dinge sehr schwierig und fordernd sind.

Niemand sollte seinem eigenen Leben ein Ende setzen. Wenn Menschen so etwas tun, ist es so, als sei ein Glied in einer Kette gebrochen, und es verlangsamt die Weiterentwicklung der Menschheit. Wir alle brauchen einander. Wir sind alle miteinander verbunden, weil jeder Einzelne von uns eine Seele hat. Und all unsere Seelen sind ein Teil Gottes. Jeder Einzelne von uns spielt eine einzigartige Rolle in dieser Welt. Niemand kann sie für uns übernehmen.

Jeder einzelne Suizid in der Welt mindert uns herab. Egal ob wir die Person oder ihre Familie kennen oder ob sie gar am anderen Ende der Welt lebt, ihre Entscheidung, das eigene Leben vorzeitig zu beenden, hat eine Wirkung auf uns. Lautlos zerbricht etwas in uns – selbst wenn wir uns dessen nicht bewusst sind.

Wenn jemand sich mit dem Gedanken trägt, das eigene Leben zu beenden, sehe ich, dass sein Schutzengel eng mit ihm verflochten ist, als würde er versuchen, diesem Menschen neuen Lebensmut einzuhauchen. Gemeinsam mit anderen Engeln bemüht sich der Schutzengel nach Kräften, die Person vom Suizid abzuhalten. Aber solche verzweifelten Menschen brauchen auch unsere Hilfe. Wir haben die wichtige Aufgabe, die Lebenslust der Menschen wieder aufleben zu lassen, indem wir ihnen helfen, die Energie und Lebendigkeit zu fördern, die ihnen eine positive Einstellung und den Mut zum Weiterleben verleihen.

Manchmal gelingt es den Menschen trotz all der Hilfe und Liebe von Familie, Freunden und Engeln und trotz professioneller Unterstützung nicht, der Dunkelheit zu entfliehen oder einen Funken Lebenslust zu spüren. Für manche ist das Leid einfach zu überwältigend – sie können nicht anders und nehmen sich das Leben.

Wie bereits gesagt, niemand sollte sich das Leben nehmen. Wenn jemand aber Suizid begeht, wird er den Engeln zufolge in eine Decke aus Gottes Liebe gehüllt und direkt in den Himmel gebracht.

Viele von uns halten zahlreiche Dinge für selbstverständlich. Häufig wissen wir erst dann etwas zu schätzen, wenn wir es verloren haben. Vor Kurzem war ich auf einem Flughafen in der Schweiz und gerade auf dem Weg zu den Toiletten, als der Engel ohne Namen auf meiner rechten Seite leicht hinter mir auftauchte. Als ich in einen Gang abbog, sah ich eine attraktive Frau Mitte dreißig, die in einem Rollstuhl saß. Der Engel ohne Namen forderte mich auf, ihr meine Hilfe anzubieten, sagte mir aber gleichzeitig, ich solle nicht näher zu ihr gehen. Ich rätselte zwar, warum ich das nicht tun sollte, fragte sie aber, ob ich ihr helfen könne.

Da öffnete sich ihr Schutzengel, und auf beiden Seiten der Frau erschienen große goldene Engel mit Flügeln. Der Engel zu ihrer Rechten streckte seine Hand aus und berührte den Arm der Frau. Daraufhin drehte sie den Rollstuhl in meine Richtung.

Ich hörte den Engel ohne Namen fragen: »Kannst du ihre Lebenslust wahrnehmen?« Sie war für mich nicht zu übersehen. Sie brach kraftvoll aus ihr heraus. Ihr Schutzengel forderte mich auf, sie erneut zu fragen, ob ich ihr irgendwie helfen könne. Das tat ich und erntete ein strahlendes Lächeln und Kopfschütteln. Ihre Lebenslust schien nun noch intensiver aus ihr hervorzubrechen. Die Tatsache, dass ich ihr meine Hilfe anbot und sie mir versicherte, es allein zu schaffen, setzte offenbar noch mehr Lebenslust bei ihr frei. Sie schien gänzlich von ihr umgeben zu sein. Die Lebenslust kam aus jeder Faser dieser Frau, schenkte ihrem Körper Energie und verlieh ihr die Kraft, das Leben trotz der Einschränkungen in vollen Zügen zu genießen.

Ich sah die Frau erneut an. Ihre Selbstliebe strömte von ihr fort und kehrte dann wie eine Welle zu ihr zurück, um sie zu überfluten. Sie liebte sich selbst, und sie liebte das Leben. Diese beiden Empfindungen nährten sie und machten eine positive, glückliche Frau aus ihr, die in der Lage war, mutig, energievoll und fröhlich mit den jeweiligen körperlichen Herausforderungen fertigzuwerden.

Wenn wir uns erlauben, das Leben zu lieben, setzen wir mehr Selbstliebe frei und wachsen in Liebe.

# Kapitel 10
# Die Liebe zu unserem Planeten

»Was ist das?«, fragte der etwa fünfjährige Junge. Er deutete auf einen Schmetterling auf dem Foto von einer wunderbaren Blumenwiese. Die Kinder betrachteten eine Reihe von Fotos und stellten ihrer Lehrerin erstaunt Fragen über all die abgebildeten Fantasiewesen wie Rehe und Vögel und die unglaublich schönen Blumen.

Die Kinder fragten immer wieder »Warum?« – so wie Kinder es eben tun. »Warum haben sie nicht für uns auf sie aufgepasst? Warum haben sie das zugelassen?«

Ich beobachtete die Kinder, als die Unterrichtsstunde zu Ende ging und sie zu spielen begannen. Ein kleines Mädchen rannte mit hoch in die Luft gestreckter Hand umher und tat so, als würde sie einem Schmetterling hinterherlaufen, der vor ihr schwebte, während zwei andere Kinder Blumenpflücken spielten.

Die Engel zeigten mir eine Zukunft, in der ein großer Teil unseres Planeten von uns aufgegeben und zerstört worden war. Ich war angesichts dieser Vision voller Scham und sehr traurig, denn ich wusste, dass es so kommen könnte, wenn wir unseren Planeten weiterhin als selbstverständlich erachten und uns und anderen erlauben, ihn zu zerstören.

Ich bin sehr aufgebracht, während ich dieses Kapitel schreibe. Gott hat der Erde einen Engel zur Seite gestellt, der ihr Beschützer, ihr Torhüter ist. Gott hat uns diesen Engel geschenkt, damit unser Planet aufblühen und uns eine Ahnung des Himmels vermitteln kann. Aber dieser Engel namens Jimazen kann, wie alle Engel, die Grenzen des menschlichen Willens nicht überschreiten.

Wenn wir uns weigern, seine Zeichen zu sehen und auf ihn zu hören, ist er machtlos und kann uns nicht stoppen.

Sollten wir weiterhin wie bisher mit dem Planeten umgehen, wird er zu Ödland, sodass menschliches Leben auf ihm nicht mehr möglich sein wird. Jimazen gibt uns ein Zeichen nach dem anderen, aber so viele Menschen ignorieren diese Signale. Solange es sie nicht persönlich betrifft, sind sie der Meinung, sie müssten sich keine Gedanken darüber machen. Naturkatastrophen, Klimaveränderungen, das Aussterben des Spitzmaulnashorns betreffen Sie vielleicht noch nicht persönlich, aber wenn wir nicht sehr bald aufwachen, werden Sie und Ihre Familie ohne jeden Zweifel die Auswirkungen dieser Signale zu spüren bekommen.

Ich erinnere mich an den Tag, an dem ich als Zehnjährige an der Ostküste Irlands mit den Füßen im Meer herumplantschte. Wie so oft spielte ich für mich allein. Ich genoss gerade das Gefühl des Wassers an meinen Knöcheln, da erbebte der Sand unter meinen Füßen, und ich sah, wie das Wasser sich in großen runden Kreisen kräuselte, als würden sich Wellen bilden. Zuerst erblickte ich den Stab, den er stets in der Hand hält, und dann war Jimazen da. Jimazen ist ein riesiger Engel. Er war in eine goldrote Schutzrüstung gekleidet, mit einem Hauch von Schwarz darin. Er sah liebevoll zu mir herab, aber wie immer, wenn ich ihn sehe, konnte ich seine Wut und Enttäuschung darüber erkennen, wie die Menschen mit dem Planeten umgehen.

An diesem Tag vor fast 50 Jahren sagte er mir, dass wir das Meer vergifteten. Ich verstand dieses Wort nicht, also erklärte er es mir: »Die Menschen leiten Berge von Schmutz und schlechten Dingen ins Meer hinein. Sie denken, es sei eine endlos tiefe Grube und man könne alles hineinkippen, ohne dass es sich auf die Menschen auswirken würde, aber da täuschen sie sich. Sie haben bereits viele Lebewesen im Meer ausgerottet, die nie wiederkommen werden. Schau nach unten und sieh, was sie getan haben!«

Ich blickte nach unten. Wo vorher wunderbar klares Wasser meine Knöchel umspielt hatte, stand ich nun in einer ekelhaften schwarzgrünen zähen Flüssigkeit, die sich wie Pudding anfühlte. Ich bewegte meine Zehen. Es war sehr unangenehm, in dieser schrecklichen Masse zu stehen.

»So etwas machen die Menschen!«, fuhr Jimazen frustriert und wütend fort. »Wie soll darin Leben existieren?« Und damit verschwand Jimazen wieder. Als ich abermals nach unten schaute, stand ich in wunderbar klarem Meerwasser, aber es fühlte sich nicht mehr so gut an wie zuvor.

Wir alle müssen aufwachen und uns bewusster werden, wie schön unsere Umwelt ist und welche Geschenke sie für uns bereithält. Wenn wir die unglaubliche Schönheit der Natur nicht schätzen und lieben, werden wir nicht in der Lage sein, sie zu beschützen.

Viele Menschen glauben, Umweltschutz habe nichts mit ihnen zu tun. Sie denken, es gehe nur die Politik oder Aktivisten etwas an. Jimazen hat mich unter anderem gebeten, Ihnen Folgendes mitzuteilen: Je mehr wir der Natur schaden, desto mehr schaden wir auch uns selbst. Und von den Engeln soll ich Ihnen sagen, dass nicht nur Eisbären und andere von uns als exotisch eingestufte Tiere, die nicht zu unserem Alltag gehören, von unserem Missbrauch des Planeten betroffen sind, sondern auch Dinge, die für unser Überleben nötig sind. Jimazen zufolge wurde die Maul- und Klauenseuche, die vor ein paar Jahren in Europa ausgebrochen ist, durch den Menschen verursacht. Sie war ein Beispiel dafür, was passieren kann, wenn wir uns nicht gut um unseren Planeten kümmern. Stellen Sie sich nur eine Welt vor, in der es keine Tiere, kein Fleisch, keine Milch und keine Eier mehr gibt, um uns zu ernähren.

Wenn wir nicht handeln, werden unsere Enkel oder deren Kinder uns fragen: »Wie konnten die Menschen das tun? Wie konnten sie das zulassen?«

Die Zukunft dieses Planeten liegt in unseren Händen. Die Erde ist ein Geschenk Gottes. Er hat sie jedem Einzelnen von uns geschenkt, damit wir sie zu unseren Lebzeiten nutzen können. Sie gehört weder den Ölgesellschaften noch multinationalen Konzernen oder Regierungen. Sie gehört uns. Dieser Planet wurde uns geschenkt, damit wir ihn unser Leben lang bewohnen, lieben und genießen können. Aber uns wurde auch die heilige Aufgabe übertragen, ihn den kommenden Generationen zu übergeben.

**Wir alle müssen aufwachen und uns bewusster werden, wie schön unsere Umwelt ist und welche Geschenke sie für uns bereithält.**

Bei Weitem zu viele Entscheidungen, die sich negativ auf unsere Umwelt auswirken, sind durch Neid und die Interessen verschiedener Lobbys motiviert. Wir müssen protestieren und unsere politischen Führer auf kommunaler, regionaler, nationaler und internationaler Ebene wissen lassen, wie wichtig uns der Planet und die Umwelt sind und dass wir sie zur Verantwortung ziehen werden. Bestimmte Schäden sind bereits irreversibel, daher haben wir keine Zeit mehr zu verlieren. Alles Geld der Welt wird den Planeten nicht wiederherstellen können, wenn wir so weitermachen wie bisher. Geld kann keine Pflanzen- oder Tierarten ersetzen. Es kann unser Wasser nicht reinigen und unsere Luft nicht in gesunde Atemluft verwandeln.

Wir dürfen auch nicht vergessen, für unseren Planeten zu beten – dafür, dass unsere politischen Führer zuhören und das Richtige tun, sowie dafür, dass multinationale Konzerne nicht länger nach unfairen Profiten streben, sondern nach Wegen suchen, um Dinge zu tun, die allen zugutekommen. Wir sollten dafür beten, dass Wissenschaftler, Ingenieure und Umweltschützer zuhören und die entscheidenden Erkenntnisse gewinnen, um alternative, saubere Lösungen zu entwickeln.

Das Ozonloch ist vorhanden, ob die Menschen es wahrhaben wollen oder nicht. Und es wird größer, da wir weiterhin Giftstoffe in die Umwelt pumpen. Die Engel haben mir das Loch in der Ozonschicht vor etwa 15 Jahren gezeigt. Ich saß in der Sonne auf dem Gras am Kanal, als ein Engel meine Schulter berührte. Ich sah den Stab des Engels Jimazen, konnte ihn selbst aber nicht erkennen. Dann wurde ich von einem feinen Dunst eingehüllt. Er war wunderbar blau und kristallklar. Ich blickte nach oben. Dem Engel hinter mir zufolge wurde mir dort das Ozonloch gezeigt. Ich habe keine Ahnung, auf welche Weise mir erlaubt wurde, es zu sehen.

Ich hatte mir das Loch in der Ozonschicht immer rund vorgestellt, aber in Wirklichkeit war es sehr groß und lang. Dann wurden mir die Ränder des Lochs im Detail gezeigt, wie mit einem Teleobjektiv. Die Ränder waren sehr unregelmäßig und schienen zu wabern und zu qualmen, als würden sie brennen – aber ich konnte keine Flamme erkennen. Die Ränder wurden allmählich weggefressen, und das Loch wurde größer.

Ich hörte den Engel sagen, dieses Loch sei von den Menschen verursacht worden. Er erklärte mir, der feine blaue Dunst, der mich umgab, werde von unserem Planeten erzeugt, der auf diese Weise versuche, sich zu heilen. Allerdings sei der Schaden zu groß, sodass der Planet sich nicht allein heilen könne. Mir wurde zudem gesagt, dass Jimazen den Planeten möglicherweise hätte beschützen können, wenn ihm der Schaden von außerhalb unserer Welt zugefügt worden wäre. Aber da die Menschheit mit ihrem freien Willen dem Planeten Schaden zugefügt habe, könne Jimazen nicht eingreifen.

Mir wurde gesagt, dass wir in der Lage sind, das Wachstum des Ozonlochs zu stoppen und den Schaden zu beheben, falls wir das möchten. Ich weiß nicht, wie wir das Loch reparieren können, aber mir wird gesagt, dass dafür Menschen unterschiedlichster Berufe erforderlich sind – Wissenschaftler, Ingenieure, Umweltschützer, Computerexperten. Sie alle müssen für das Allgemeinwohl zusammenarbeiten. Das Problem lässt sich nicht lösen, wenn die Menschen nur ihre eigenen Ziele im Sinn haben oder Profit aus dem Prozess schlagen wollen.

Mir wird gesagt, dass die Regierungen und Institutionen dieser Welt der Reparatur des Ozonlochs eine höhere Priorität einräumen müssen als der Stärkung der Wirtschaft oder der Bekämpfung von Krankheiten oder Armut. Einige Menschen wird das erschüttern, das ist mir bewusst. Aber wenn wir dieses Problem nicht lösen, werden all die anderen Probleme erheblich größer werden.

Wir müssen damit aufhören, Chemikalien in die Atmosphäre zu leiten. Ich bin außerdem entsetzt über die Zunahme des Prozesses der Gasgewinnung, der als Fracking bezeichnet wird. Dem Engel Hosus zufolge werden dadurch zwar kurzfristig Arbeitsplätze geschaffen, aber zu dem Preis, dass man damit das Todesurteil einiger Menschen unterschreibt. Die Engel sagen mir, dass das Fracking aufhören muss. Wir vergiften unsere Erde und vergrößern das Loch in der Ozonschicht. Keine Regierung sollte irgendeinem Unternehmen eine Frackinggenehmigung erteilen, und die Menschen müssen sich erheben und dagegen protestieren, dass es irgendwo auf der Welt geschieht.

Viele Leute machen sich Sorgen darüber, was geschehen wird, wenn wir das gesamte Öl der Welt aufgebraucht haben. Den Engeln zufolge wird es allerdings katastrophale Auswirkungen auf unseren Planeten haben, wenn wir das gesamte Öl aus der Erde entnehmen. Die Menschheit erkennt nicht, welche Rolle das Öl in der Erde spielt. Genauso wie sie in früheren Zeiten nicht begriff, dass die Erde rund ist. Aber mir wird gesagt, dass Öl so wie Wasser eine essenzielle Rolle spielt. Wenn wir gierig sind und der Erde das gesamte Öl rauben, das sie schmiert, wird dies katastrophale Auswirkungen auf die Stabilität der Erde haben. Es wird zu Erdbeben und weiteren drastischen Veränderungen im Wettergeschehen kommen.

Vor ein paar Wochen ging ich in einem kleinen Wäldchen in Irland spazieren. Dabei bemerkte ich eine lange Reihe von Engeln, die mir folgten. Ich fragte mich, was sie vorhatten, beachtete sie aber nicht weiter, weil ich die Bäume betrachtete und den Vögeln lauschte. Ich blieb auf einer kleinen Lichtung stehen, um eine Familie von Zaunkönigen zu beobachten, die in einem Strauch unter den Bäumen nistete. Vier kleine Küken lernten gerade fliegen. Eines der Elterntiere flog von einem Ast zum nächsten und wartete, bis die übenden Jungen bei ihm waren. Sie zwitscherten ständig, während sie umherflatterten.

Vor mir befand sich ein großer Bereich mit Bäumen und zwei Pfaden. Einer führte links und einer rechts an den Bäumen vorbei. Die Engel, die bei mir waren, wiesen mich an, mich nicht von der Stelle zu rühren. Die Engel, die mir gefolgt waren, gingen in einer Reihe an mir vorbei und schlugen den Pfad zur Rechten ein. Es war ein Pfad, der offenbar um die Bäume herumführte. Es waren Hunderte von Engeln in einer Reihe, und es dauerte einige Minuten, bis sie an mir vorbeigezogen waren. Ein paar Minuten später sah ich einige der Engel von links vorn auf mich zukommen. Nun erkannte ich, dass diese Engel einen großen Kreis um die Bäume gebildet hatten. Die Engel blickten mit seitlich ausgestreckten Armen in Richtung der Bäume, wobei ihre Fingerspitzen sich berührten.

Plötzlich sah ich in einem der Bäume den (weiblichen) Baumengel. Wie jedes Mal, wenn ich diesen Engel sehe, schien er jeden Teil des Baumes auszufüllen und sich mit jedem Ast und jedem Blatt zu bewegen. Ich bin mir nie sicher, ob sich der Baumengel mit dem Baum bewegt oder ob sich der Baum mit dem Engel bewegt. Dieses Mal fiel mir auf, wie traurig der Baumengel aussah. Wäre er ein Mensch gewesen, hätte er geweint. Die Engel bei mir forderten mich erneut auf, an Ort und Stelle zu bleiben und mich nicht zu bewegen.

Zuerst sah ich den Stab und wusste, dass Jimazen kam. Ich erblickte ihn kurz, und dann war es so, als berühre er all die Bäume. Es kam zu einem großen Lichtblitz, zu einer Explosion, und dann waren die Bäume allesamt verschwunden. Wo einen Moment vorher noch Hunderte von großen Bäumen gestanden hatten, war nun alles öde und trostlos. Sämtliches Leben war aus diesem großen Areal vor mir verschwunden.

Ich war entsetzt. Nun wusste ich, warum der Baumengel so verzweifelt war. Mir wurde gezeigt, was passieren konnte, wie die Welt aussehen würde, wenn wir nicht auf unsere Umwelt achtgaben.

Etwa eine Minute blieb alles so, und ich sah entsetzt zu. Neben mir zwitscherten die Zaunkönige, und mir war bewusst, dass es nicht nur die Bäume betreffen würde, wenn der Erde so etwas zustieß. Es würde einen großen Teil der Natur betreffen – es gäbe keinen Lebensort mehr für die Zaunkönige und all die anderen Vögel und Tiere.

Den Engeln zufolge müssen wir viel mehr Bäume pflanzen. Wir müssen Abermillionen von ihnen pflanzen. Es sollten Laubbäume sein, und diese sollten langfristig für unsere künftige Umwelt gepflanzt werden.

Ich weiß, wie bedrückend das ist. Angesichts der vielen Aufgaben, die wir erledigen müssen, könnten wir uns leicht entmutigen lassen oder deprimiert werden. Allerdings sehe ich auch so vieles, was uns

Hoffnung spenden kann. Mir wurden Visionen gezeigt, wie die Erde aussehen könnte, wenn wir die richtigen Entscheidungen fällen und die entsprechenden Schritte tun. Die Engel haben mir eine Zukunft gezeigt, in der die Erde sehr grün, leuchtend und voller Leben ist. Als ich das sah, erkannte ich, wie farblos und blass die Welt, in der wir leben, durch die massive Verschmutzung geworden ist. In der Zukunft waren die Blumen äußerst farbenprächtig, die Flüsse waren glasklar, und der Himmel war wunderbar blau. Mir wurde erlaubt, die Reinheit der Luft zu spüren, die ich atmete. Sie war frisch und verlieh mir Energie. Die Welt sah so rein und neu aus. Das wäre mir nicht gezeigt worden, wenn es nicht eine realistische Möglichkeit wäre, eine, die für uns erreichbar ist.

Kapitel 11

# Unrealistische romantische Liebesvorstellungen

Liebesengel sehen anders aus als andere Engel. Sie sind groß und schlank und stets vom Kopf bis zu den Zehen in sehr leichte Roben gekleidet, die aus einem feinen Stoff mit kleinen quadratischen Mustern bestehen, wie ein Schachbrett aus Gold und einem pastellfarbenen Bernsteingelb. Durch die kleinen Quadrate sehe ich das Licht dieser wunderschönen Engel hindurchscheinen.

Ich erkenne einen Liebesengel nicht nur an seiner Robe, sondern auch an dem goldenen Lichtfaden, der irgendwo an seiner Kleidung befestigt ist. Er kann an der Schulter, der Taille oder am Ärmel herabhängen. Ich habe den goldenen Faden sogar am Gewand knapp oberhalb der nackten Zehen herunterhängen sehen.

Der goldene Faden gehört zu den Liebesengeln dazu. Er ist mit ihnen verbunden, und sie benutzen ihn, um Partner damit aneinander zu binden und ihnen zu helfen, die Liebe des anderen intensiver zu spüren. Wenn sie diesen Faden verwenden, wird das jeweilige Paar dazu ermutigt, seine Liebe vermehrt zu zeigen.

Die romantische Liebe ist die einzige Form der Liebe, die von einer eigenen Engelart unterstützt wird. Den Engeln zufolge soll uns die romantische Liebe in erster Linie dabei helfen, Familien zu gründen, die glückliche Kinder versorgen und großziehen können. Kinder, die sich selbst lieben und darüber hinaus fähig sind, andere zu lieben und sich eine bessere Zukunft für die Welt vorzustellen und sie zu gestalten.

Unsere Kinder und wiederum deren Kinder halten die Zukunft unserer Welt in ihren Händen.

Die romantische Liebe ist für die meisten Menschen eine große Herausforderung, weil sie von uns verlangt, die Bedürfnisse eines anderen Menschen auf die gleiche Stufe zu stellen wie unsere eigenen. Im Gegensatz zur weit verbreiteten Annahme ist sie nicht nur unbeschwert und leicht. Sie ist zwar eine Quelle großen Glücks und großer Freude, aber auch eine Herausforderung und mit viel Arbeit verbunden.

Eins der größten Hindernisse bei der romantischen Liebe ist die Tatsache, dass viele Menschen sich selbst nicht genug lieben. Ich wiederhole es noch einmal: *Wenn Sie sich selbst nicht lieben, sind*

*Sie nicht in der Lage, einen anderen Menschen vollkommen zu lieben.* Viele Menschen suchen nach einem Partner, der sie vervollständigt, aber wir sind bereits vollendet. Wir sind alle die gleiche reine Liebe, die wir als Babys waren. Allerdings haben wir sehr viel davon in uns eingeschlossen. Wir spüren einen Mangel an Selbstliebe in unserem Leben, aber anstatt die Liebe freizusetzen – und nur wir selbst können das tun –, suchen wir nach einem besonderen Menschen, der uns liebt und den Mangel an Selbstliebe ausgleicht.

**Eins der größten Hindernisse bei der romantischen Liebe ist die Tatsache, dass viele Menschen sich selbst nicht genug lieben.**

Letzten Sommer sah ich einen älteren Mann, der eine Tasse Tee in der Sonne vor der Burg in Kilkenny genoss. Er beobachtete ein Paar Ende dreißig, das Händchen haltend nicht weit von ihm entfernt saß und sich ein Eis in der Waffel teilte. Da öffnete sich der Schutzengel des Mannes. Er war über den Mann gebeugt, umarmte ihn, überschüttete ihn mit Liebe und tröstete ihn. Die Flügel des Engels waren um den Mann gelegt, und die Flügelspitzen schienen seine Hände zu berühren, mit denen er die Teetasse umschlossen hielt. Der Mann sah sehr traurig aus. Ich konnte keine Selbstliebe von ihm ausströmen sehen.

Der Engel Hosus war bei mir und erklärte mir, dieser Mann habe sehr wenig Selbstliebe und sei neidisch auf die Liebe des Paares. Sein ganzes Leben lang habe er nach Liebe gesucht, sei aber davon überzeugt, sie nie gefunden zu haben. »Doch sie war da, er hat sie nur übersehen!«, fuhr Hosus fort.

Das Problem war: Der Mann dachte, die einzige Liebe sei die romantische Liebe. Daher hatte er alle Liebeschancen in seinem Umfeld verpasst. Die Liebe von Familie und Freunden war ihm entgangen, da er ihr keinen Wert beigemessen hatte. Und seine Einstellung hatte sich immer noch nicht geändert.

Hosus erzählte mir, dass der Mann zwar viele Frauen kennengelernt, aber keine davon für die Richtige gehalten hatte. Er machte sich – wie so viele Menschen, die sich selbst lieben lernen müssen – nicht klar, dass diese Frauen nicht vollkommen waren. Er dachte, er selbst sei perfekt, und ging davon aus, dass die Frau, in die er sich verliebte, sowie ihr gemeinsames Leben ebenfalls perfekt sein würden. Wie so viele Menschen glaubte auch er an die Versprechen aus den Märchen und Liebesliedern. Er hatte Erwartungen an die romantische Liebe, die keine Beziehung erfüllen konnte. Daher blieb er allein, ohne die Liebe von Familie, Freunden oder einer Partnerin. Als ich aufstand, um zu gehen, beugte sich der Schutzengel über den Mann und flüsterte ihm etwas zu. Dieser sah mich daraufhin an. Ich lächelte ihm zu. Er lächelte nicht zurück. Es war bei ihm keine Liebe zu sich selbst vorhanden, keine Lebenslust und kein Glück – und er war unfähig, das Lächeln eines fremden Menschen wahrzunehmen oder darauf zu reagieren.

Mir wurde gesagt, dass die Liebesengel zu verschiedenen Zeiten seines Lebens bei ihm gewesen waren und versucht hatten, ihn dazu zu bringen, realistischer zu werden, sich mehr für die Liebe zu öffnen und sich und einer Frau eine Chance zum Glück zu geben. Die Chance für eine romantische Liebe wäre für ihn vorhanden gewesen, aber er ließ sie vorüberziehen.

Die Liebesengel sind da, um uns zu helfen, wenn wir Hilfe bei romantischen Beziehungen brauchen. Ich habe sie noch nie aus einem anderen Grund bei jemandem gesehen.

Vor zwei Jahren war ich in einem Café in einem Gartencenter in der Nähe meines Zuhauses. Als ich meinen Kaffee an der Selbstbedienungstheke bezahlte, bemerkte ich einen Liebesengel, der neben einem Mann Mitte vierzig stand. Dieser saß allein da und trank einen Kaffee.

Nachdem ich eine Weile in dem Café gesessen hatte, kam der Mann zu mir und stellte sich vor. Er kannte mich von einem kurz zuvor ausgestrahlten Fernsehauftritt. Er setzte sich zu mir, und wir unterhielten uns ein paar Minuten. Verlegen erzählte er mir, er habe noch nie eine Freundin gehabt. Überrascht sah ich ihn an und fragte ihn, woran das liege. Er antwortete, er sei sehr schüchtern und wisse nie, was er sagen solle. Ich wusste, dass der Liebesengel da war. Er wollte ihm helfen, den Mut aufzubringen, jemanden anzusprechen. Ich sagte dem Mann, dass die Engel ihm helfen würden, er selbst sich aber ein Herz fassen und eine Frau zu einem Rendezvous einladen müsse. Sosehr die Liebesengel ihm auch helfen wollten, das konnten sie nicht für ihn tun.

Beschwingt verließ der Mann das Café – nun mit dem Gefühl, dass er Unterstützung hatte, die ihm helfen würde.

Ich freute mich sehr, als ich ihn über ein Jahr später zusammen mit einer jungen Frau wiedersah, die er mir als Jennifer vorstellte. Zwei Liebesengel waren bei ihnen, und ein goldener Faden war in Höhe der Taille um sie herumgebunden. Während wir uns unterhielten, lächelten die Engel mir zu und zogen den Faden etwas fester an. Der Mann berichtete mir, er habe nicht nur den Mut aufgebracht, Jennifer um ein Rendezvous zu bitten, er habe sie nach ein paar Monaten sogar gebeten, ihn zu heiraten. Im kommenden Sommer solle die Hochzeit stattfinden. Lieber Gott, lass mich ihnen bald mit einem Kind im Kinderwagen wiederbegegnen!

Ich habe einen kanadischen Freund namens Patrick, der vor Kurzem seinen Partner Richard mit nach Irland brachte, damit dieser mich kennenlernen konnte. Es war wunderbar, die Liebesengel bei den beiden Männern zu sehen, als diese händchenhaltend auf mich zuschlenderten. Die Engel versuchten, die beiden dazu zu bringen, mehr auf die Bedürfnisse des jeweils anderen zu achten und dafür zu sorgen, dass die Entscheidungen, die sie trafen, beide glücklich machten und erfüllten. Selbst wenn sie über relativ belanglose Dinge sprachen, etwa darüber, was sie am nächsten Tag unternehmen wollten, sah ich, wie die Liebesengel ihnen Dinge ins Ohr flüsterten, damit jeder Rücksicht auf die Wünsche des Partners nahm. Darauf sollten natürlich alle Paare achten. Ehrlich gesagt hatte ich das Gefühl, dass dieses Paar die Bedürfnisse des jeweils anderen mehr achtete als viele andere Paare, denen ich begegnet bin.

Ich treffe viele homosexuelle Menschen, vor allem junge Männer, die sich isoliert und einsam fühlen, weil sie befürchten, es sei inakzeptabel, schwul zu sein. Ich sage ihnen stets, dass Gott ihnen, so wie jedem anderen Menschen, eine Seele und einen Schutzengel geschenkt hat und dass Gott und ihr Schutzengel vor ihrer Geburt bereits wussten, ob sie homo- oder heterosexuell sein würden. Ich sehe Liebesengel, die homosexuellen Paaren helfen, und weiß, dass diese großartige Eltern sein können.

Manchmal verwechseln die Menschen Lust mit Liebe. Das ist aber keineswegs dasselbe. Ich habe die Engel gefragt, auf welche Weise ich über dieses Thema sprechen soll. Sie haben mir gesagt, ich solle die Lust als etwas beschreiben, das wie ein Juckreiz ist, ein Verlangen, das einen kurzzeitigen Genuss bringt, der aber unerheblich ist. Der Liebesakt ist ein wunderbares Gottesgeschenk, er ist tatsächlich ein Akt der Liebe, nicht nur eine Quelle körperlichen Genusses. Wahlloser Sex ist für alle Beteiligten erniedrigend. Wir sind ebenso spirituelle wie körperliche Wesen, auch wenn wir das häufig vergessen. Unsere Seele ist mit unserem Körper verbunden. Wenn wir unseren menschlichen Körper durch wahllosen Sex oder übermäßigen Alkohol- oder Drogenkonsum missbrauchen, entwürdigen wir unsere Seele.

In unserer modernen Gesellschaft gibt es eine Trennung zwischen Liebe und sexueller Aktivität. Das ist einer der Gründe für die Zunahme der Prostitution. Die Engel haben mir gezeigt, wie unmoralisch es ist, einen anderen Menschen auf diese Weise zu benutzen, und wie entwürdigend es für alle Beteiligten ist.

Die romantische Liebe soll es uns leichter machen, eine liebevolle, dauerhafte Beziehung aufzubauen, in der wir Kinder großziehen können. Nicht jeder kann eigene biologische Kinder haben. Aber viele Menschen können Kinder adoptieren, Pflegekinder bei sich aufnehmen oder einfach für Kinder da sein. Ich weise immer wieder darauf hin, wie wichtig die Kindererziehung und die Unterstützung von Kindern und Jugendlichen ist. Sie sind unsere Zukunft, die Zukunft der Menschheit.

Ich wurde gebeten, mich mit einem Paar zu treffen, das Hilfe brauchte. Wir verabredeten uns in einem

Café in meiner Nähe. Als das Paar eintraf, fiel mir gleich auf, dass es von zwei Liebesengeln begleitet wurde, die zwei goldene Fäden in Höhe der Taille um die Partner gebunden hatten. Es ist sehr ungewöhnlich für mich, mehr als einen Faden um ein Paar gelegt zu sehen, daher wusste ich, dass irgendetwas Gravierendes nicht in Ordnung war. Die beiden setzten sich, und der Mann begann zu sprechen. Er erzählte mir, sie seien seit fünf Jahren verheiratet und er liebe seine Frau sehr. Als er das sagte, streckte er seine Hand aus, um die ihre zu berühren, und ich hörte sie flüstern, dass sie ihn ebenfalls liebe. Sie wandte sich mir mit Tränen in den Augen zu und sagte, ihr Partner könne keine Kinder zeugen. Sie habe daher das Gefühl, sie müsse ihn verlassen und einen Mann finden, mit dem sie Kinder haben könne.

»Wie wäre es mit einer Adoption?«, fragte ich. Sie lehnte den Vorschlag entschieden ab. »Ich möchte ein eigenes Kind haben.«

Wir unterhielten uns noch eine Weile. Ich bedauerte die beiden sehr. Die Frau war so davon überzeugt, die Ehe verlassen zu müssen, und der Mann war nicht in der Lage, sie davon abzubringen, obwohl er beteuerte, er werde nie aufhören, sie zu lieben.

Als sie das Café verließen, entfernte einer der Liebesengel einen der beiden Fäden. Ich fragte ihn, warum er das tue. »Sie ist so entschlossen«, antwortete er. »Wir können nichts gegen ihren freien Willen ausrichten. Wenn sie sich weigert, auf unseren Rat zu hören, können wir wenig tun. Das Traurige ist«, fuhr der Engel fort, »sie liebt ihren Mann wirklich, und wenn sie versuchen würden, ein Kind zu adoptieren, bestünde eine gute Chance, dass sie erfolgreich wären und eine glückliche, liebevolle Familie gründen könnten.«

Es ist viel Arbeit, eine liebevolle Ehe aufrechtzuerhalten. Wir leben in einer Gesellschaft, in der die Erwartung vorherrscht, eine Liebesbeziehung müsse stets unbeschwert und glücklich sein. Wenn das nicht der Fall ist, wollen viele die Partnerschaft beenden. Bei vielen Paaren, die sich trennen, sagen mir die Engel, dass sie es nicht tun sollten.

Paare sollten sich stets gezielt daran erinnern, warum sie sich anfangs verliebt haben. Sie sollten zurückblicken und wieder eine Verbindung zu dieser Liebe herstellen. Aufgrund der Anforderungen und Belastungen des modernen Lebens wird eine Partnerschaft häufig zur Routine. Dabei wird die Liebe verdrängt, und die Partner erachten den jeweils anderen als selbstverständlich. Beide Seiten müssen sich darum bemühen, ihre Liebe lebendig zu halten. Das gehört zu den Dingen, die ich häufig bei den Liebesengeln sehe – sie motivieren Paare dazu, sich gegenseitig ihre Liebe zu zeigen. Sie ermuntern sie zu kleinen Gesten oder dazu, sich an einem hektischen Tag zehn Minuten Zeit zu nehmen, um sich gemeinsam hinzusetzen und miteinander zu plaudern.

Es gibt ein Paar, das ich in den letzten fünf Jahren ein paar Mal getroffen habe. Beim ersten Mal waren die Partner seit drei Jahren verheiratet und hatten einen eineinhalbjährigen Sohn. Der junge Mann erzählte mir, er wolle aus der Ehe ausbrechen, weil er zutiefst unglücklich sei. Ich fragte ihn, welche Beziehung er zu seinem kleinen Sohn habe. Er sagte mir, er habe gar keine Beziehung zu ihm. Als er das sagte, zog er seine Selbstliebe noch stärker in sich hinein und schloss noch mehr davon ein. Einer der Liebesengel, die bei dem Paar waren, sagte mir, der Mann wolle das Kind nicht einmal in den Armen halten, damit es seinem Sohn nicht so wehtat, wenn sein Vater die Familie verließ.

Der junge Mann sagte mir zudem, seine Frau sei nicht mehr arbeiten gegangen, seitdem das Kind auf der Welt war. Er habe allerdings nicht damit gerechnet, finanziell für alle sorgen zu müssen. Er habe seine Freiheit nicht verlieren wollen und es störe ihn extrem, wenn er die Bedürfnisse seiner Frau und seines Sohnes über seine eigenen stellen müsse.

Er behauptete außerdem, er liebe seine Frau nicht, obwohl die Liebesengel mir sagten, das sei nicht wahr. Sie setzten sich sehr dafür ein, das Paar zusammenzuhalten.

Aber – so erklärten sie mir – der junge Mann musste noch viel erwachsener werden. Er verbarg seine Liebe, weil er sich angesichts der Verantwortung überfordert fühlte.

Die Engel sagten mir, ich solle ihn dazu ermutigen, zumindest für eine Weile zu bleiben und seinen Sohn etwas besser kennenzulernen – ihn in die Arme zu nehmen und zu halten –, damit die Liebe in ihm hervorgerufen werde.

Ich habe die beiden Partner im Laufe der Jahre immer wieder getroffen. Manchmal hatte es den Anschein, als würden sie es als Familie schaffen, und manchmal schienen sie kurz vor einer Trennung zu stehen. Aber mit der Hilfe der Liebesengel und der Unterstützung anderer Menschen – einschließlich mir selbst – sind die beiden zusammengeblieben. Ich weiß, dass sie dafür bestimmt sind zusammenzubleiben, und hoffe, dass der junge Mann mithilfe der Engel die Liebe und das Glück in seiner Familie wahrnimmt und nicht nur die Verpflichtungen sieht. Wenn wir bereit sind, eine Beziehung wirklich zu retten, schenken uns sowohl die Liebesengel als auch andere Engel enorme Unterstützung.

Manchmal wird die Liebe in einer Partnerschaft verdrängt, und Verbitterung und Hass schleichen sich ein. Verbitterung und Hass sind wie Krebsgeschwüre, die die Liebe zerfressen. Wenn das passiert, sehe ich etwas, das wie ein dünner, aber starker dunkler Schutzschild aussieht, der die Herzen der Partner bedeckt und sie davon abhält, Liebe oder Mitgefühl zu empfinden. Es ist schrecklich, ein Paar zu erleben, das so kaltherzig wird und auf Vergeltung aus ist. Der Wunsch nach Vergeltung ist ein heimtückisches Verlangen, das jahrelang auf das Verhalten von Menschen abfärben kann. Immer wieder versuchen sie dann, einen Vorteil für sich herauszuschlagen und dem anderen eins auszuwischen – häufig benutzen sie ihre Kinder dabei als Munition.

Wir alle haben die freie Wahl, der sich einschleichenden Verbitterung und dem Hass ein Ende zu setzen. Das gelingt uns, indem wir uns gezielt dafür entscheiden, uns zu bremsen, wenn wir provoziert werden, und bewusst nicht reagieren. Wir müssen diese Entscheidung immer wieder aufs Neue treffen und versuchen, eine Stunde oder einen Tag lang ruhig zu bleiben.

Viele Ehen und andere Beziehungen zerbrechen, obwohl es nicht dazu kommen sollte. Für alle Beteiligten wäre es in diesen Fällen besser, wenn die Partner sich beharrlich bemühen und zusammenhalten und wieder lernen würden, einander zu lieben. Manchmal wird mir allerdings gezeigt, dass ein Paar sich trennen muss, vor allem wenn es zu körperlicher oder psychischer Gewalt gekommen ist. In diesen Fällen ist es besser für die Kinder, wenn die Eltern getrennt sind.

Eltern sollten sich im Klaren darüber sein, wie hoch der Preis für die Kinder ist, wenn ihre Beziehung scheitert. Die Engel haben mir gesagt, eine Trennung könne die Chancen reduzieren, dass Kinder genug Vertrauen haben, um als Erwachsene eine liebevolle, stabile Beziehung aufzubauen. Das Kind fühlt sich möglicherweise ungeliebt und verliert sein Selbstbewusstsein. Manche Kinder geben sich selbst die Schuld daran, wenn die Partnerschaft der Eltern in die Brüche geht.

Ich erinnere mich an eine junge Frau Ende zwanzig namens Olivia, die mich aufsuchte. Sie erzählte mir, sie habe ein paar Liebesbeziehungen mit Männern gehabt, habe aber das Gefühl, sie könne keinem Mann wirklich vertrauen.

Als sie das sagte, tauchte der Engel ohne Namen neben mir auf und flüsterte mir ins Ohr, ich solle die Frau fragen, warum sie so dachte. Ich tat, wie der Engel mich geheißen hatte.

»Mein Vater hat meine Mutter verlassen, als ich zehn Jahre alt war«, antwortete sie. »Meine Eltern haben ständig gestritten, und ich hatte immer Angst.« Ihre Augen füllten sich mit Tränen. »Ich dachte, es sei meine Schuld. Ich glaubte, dass ich etwas falsch gemacht hätte und dass sie sich nicht mehr die ganze Zeit streiten würden, wenn ich brav wäre.« Seit ihr Vater fortgegangen war, hatte sie ihn nie mehr wiedergesehen. Und immer noch dachte sie, es sei ihre Schuld, dass er seine Familie hatte sitzenlassen. Außerdem machte sie ihm Vorwürfe, weil er sie verlassen und keinen Kontakt zu ihr gehalten hatte.

Sie erzählte mir, ihre Mutter rede nie über ihren Vater. Als ich ihr vorschlug, mit ihrer Mutter über ihn zu sprechen, schüttelte sie den Kopf. »Mum war jahrelang wütend, nachdem er fort war. Eigentlich ist sie es immer noch. Sie hat so viel geweint und war böse auf mich und auf jeden, der ins Haus kam. Ich kann das nicht alles wieder aufwühlen. Das wäre ihr gegenüber nicht fair.«

Der Engel ohne Namen flüsterte mir noch etwas ins Ohr, das ich ihr sagen sollte. Das tat ich: »Wenn Sie nach Hause kommen, sollten Sie Ihre Mutter fragen, ob Ihr Vater Ihnen je eine Geburtstagskarte geschickt hat.«

Sie sah mich fragend an, als wäre das ein sehr eigenartiger Vorschlag. Ich sagte ihr, sie solle die Frage vorsichtig formulieren und nicht mit ihrer Mutter streiten oder böse auf sie werden. Aber sie müsse eine Antwort auf diese Frage bekommen.

Drei Monate später rief Olivia mich an und bat mich um ein Treffen. Als wir uns sahen, erzählte sie mir, dass ihre Mutter jedes Mal wütend reagiert habe, wenn Olivia sie auf ihren Vater angesprochen habe. Die Mutter habe gesagt, sie hasse ihn. Doch schließlich habe sie zugegeben, dass er Olivia jedes Jahr eine Geburtstagskarte geschickt habe, die ihre Mutter aber stets sofort zerrissen habe. Sie war so vereinnahmt von ihrem Wunsch nach Vergeltung gewesen, dass sie offenbar nie darüber nachgedacht hatte, was ihr Verhalten für ihre Tochter bedeutete.

Olivia hatte weder mit Wut auf ihre Mutter reagiert, noch verurteilte sie deren Verhalten. Sie fragte ihre Mutter, ob es ihre, Olivias, Schuld gewesen sei, dass ihre Eltern sich getrennt hatten. »Wie konntest du das nur denken? Du warst doch noch ein Kind!«, erwiderte ihre Mutter entsetzt. Sie war so in ihrem eigenen Leid gefangen gewesen, dass sie die Verunsicherung ihrer Tochter nicht erkannt und nichts dagegen unternommen hatte.

Die Mutter hatte nach wie vor keinen Kontakt zu Olivias Vater, aber schließlich gestand sie ihr, dass ihre Schwester, Olivias Tante, in Kontakt mit ihm stand. Zum ersten Mal, seit er sie, als sie zehn war, verlassen hatte, traf Olivia ihn. Sie stellte fest, dass er sie nicht verstoßen, sondern sie regelmäßig beobachtet hatte, wenn sie von der Schule nach Hause gegangen war. Er hatte stets genug Abstand zu ihr gehalten, damit sie ihn nicht sah. Olivias Mutter erlaubte ihm nicht, sie zu sehen, und um den Frieden zu wahren, akzeptierte er das. Aber er blieb stets in Kontakt mit Olivias Tante, um sich zu erkundigen, wie es seiner Tochter ging.

Olivia sagte, sie sei nun möglicherweise bereit, Männern zu vertrauen. Der Engel ohne Namen erklärte mir, es werde trotzdem sehr schwer für sie sein, all die Jahre zu überwinden, in denen sie geglaubt habe, dass ein Mann sie verlassen habe, obwohl sie nun wisse, dass es nicht stimme.

Ich fragte den Engel ohne Namen, ob Olivias Eltern ihre Beziehung hätten kitten können, und erhielt zur Antwort, dass es möglich gewesen wäre. Doch sie ließen sich von ihrer Verbitterung und ihrem Hass dominieren. Als ich Olivia zum Abschied umarmte, dachte ich daran, wie anders ihr Leben verlaufen wäre, wenn ihre Eltern an ihrer Beziehung gearbeitet hätten und zusammengeblieben wären.

Manchmal funktioniert eine Partnerschaft einfach nicht, und am Ende müssen beide Seiten den Schmerz und die Verletzungen akzeptieren und wieder damit beginnen zu leben. Sie sollten weder das Leben noch die Liebe aufgeben und offen dafür sein, die romantische Liebe wieder in ihrem Leben willkommen zu heißen.

Wenn Sie bereits eine Liebesbeziehung haben, sollten Sie alles tun, was Sie können, um sie zu schätzen und die Partnerschaft lebendig zu halten. Wenn die romantische Liebe im Moment kein Teil Ihres Lebens ist, sollten Sie offen dafür sein und realistische Erwartungen daran stellen. Geben Sie sich selbst und dem anderen die Chance auf das Glück, das sich mit der romantischen Liebe einstellt.

Kapitel 12

# Unsere Feinde lieben und Menschen, bei denen es uns schwerfällt

Jeder Einzelne von uns ist einzigartig und vollkommen. Wir alle spielen eine einzigartige Rolle auf dieser Welt, eine Rolle, die niemand sonst übernehmen kann. Und trotzdem verschwenden wir einen sehr großen Teil unseres Lebens damit, uns mit anderen zu vergleichen. Es mag belanglos erscheinen, aber es ist einer der Samen des Hasses.

Der Hass kann sich sehr leicht in unser Leben einschleichen, wenn wir uns dessen nicht bewusst sind. Wir sollten auf die Phasen achten, in denen wir in Versuchung geraten, dem Hass Raum zu geben, selbst wenn es nur in Ansätzen der Fall ist. Wir sollten uns von dem automatischen Impuls verabschieden zurückzuschlagen. Die Engel sagen mir, dass es stets verkehrt ist, Gefühlen des Hasses nachzugeben und nach Vergeltung zu trachten, egal wie sehr wir verletzt wurden.

Wir alle sollten daran arbeiten, den Hass in unserem Leben zu überwinden. Denn wir haben einen freien Willen. Niemand kann uns dazu zwingen zu lieben, und niemand kann uns dazu zwingen zu hassen. Wir haben die Wahl, und wir sollten uns der Entscheidungen, die wir treffen, bewusster werden. Hass und Rache halten uns in einem negativen Kreislauf gefangen, und es gibt nur einen Weg, um daraus auszubrechen: Wir müssen uns unseres Hasses bewusst werden, Nein dazu sagen und uns stattdessen dafür entscheiden, Mitgefühl zu zeigen – sowohl anderen als auch uns selbst gegenüber.

Vor Kurzem saß ich in einem Café, am Nachbartisch befand sich eine Gruppe von sechs Studenten. Der Tisch war von Engeln umgeben, und diese forderten mich auf zuzuhören, was gesprochen wurde. Die Gruppe unterhielt sich über eine junge Frau, die nicht anwesend war. Sie war Nigerianerin und hieß Gloria. Die Studenten schimpften über sie und machten sie auf eine sehr gemeine und gehässige Weise schlecht. Die Engel sagten mir, es liege unter anderem daran, dass Gloria sehr intelligent und attraktiv sei. Außerdem lehnten die Studenten sie ab, weil sie anders war. Es war eine Ablehnung aufgrund von Ignoranz. Die Engel sagen mir immer wieder, wie wichtig es ist, Menschen oder Gruppen von Menschen, die wir nicht verstehen, mit Mitgefühl und Liebe zu begegnen. Wir verurteilen andere viel zu schnell. Diese jungen Leute wollten keinerlei Verständnis für die junge Frau, für ihr Leben oder ihre Herkunft zulassen. Sie waren nicht bereit, etwas zu lernen, und versäumten es, die Chancen zu nutzen, die ihnen die Universität mit all den Menschen verschiedener Nationalitäten bot. In diesem konkreten Fall ging es um die Nationalität oder vielleicht um die Hautfarbe einer jungen Frau. Aber es hätte genauso um die Religion, um die sexuelle Orientierung, um politische Überzeugungen oder um irgendeinen anderen der unzähligen Faktoren gehen können, aufgrund derer wir Menschen verurteilen.

Der Schutzengel hinter einer Studentin öffnete sich. Er war riesig und überragte sie weit. Er war in blaue, lichtdurchflutete Gewänder gekleidet. Er hatte seine Arme um sie gelegt, als würde er ihr auf diese Weise Kraft schenken, und sah voller Liebe und Mitgefühl zu ihr hinab – allerdings auch mit Sorge. Dann blickte er zu mir und bat mich, ein Gebet dafür zu sprechen, dass die junge Frau, die er beschützte, auf ihn hören und den Mut haben würde, zu tun, was sie tun müsse.

Plötzlich wandte sich einer der Studenten gegen die junge Frau, deren Schutzengel sich geöffnet hatte: »Du kennst sie doch. Ich habe dich mit ihr gesehen. Wie konntest du dich nur mit ihr abgeben? Sie ist so eine ...« Die Gruppe schmähte Gloria weiter, und die Studentin begann leise zu weinen – aber sie sagte nichts. Die Engel bewegten sich schnell um den Tisch herum und versuchten, Liebe und Mitgefühl in die Herzen der anderen Studenten zu leiten, damit sie erkannten, dass es falsch war, die Studentin so niederzumachen.

Doch egal was die Engel auch taten, die jungen Leute hörten nicht auf sie. Sie schimpften immer weiter über Gloria. Sie gaben negative, böse Kommentare von sich und stachelten sich dabei gegenseitig auf. Wenn einer etwas Gemeines sagte, setzte ein anderer noch etwas obendrauf. Sie waren selbstzufrieden und fühlten sich selbstsicher. Sie hatten sich völlig in ihre Schimpftiraden hineingesteigert.

Hass nährt rasch weiteren Hass. Im Gegensatz dazu führt Liebe nicht so leicht zu mehr Liebe. Hass kann sich schnell aufbauen und verbreiten und eine Spirale des Hasses erzeugen. Lässt man zu, dass er sich steigert, können Liebe und Mitgefühl nur schwer dagegen ankommen. Wenn wir den Hass in unser Herz hineinlassen, verdrängt er die Liebe und bringt uns dazu, mehr von ihr einzuschließen.

Kurze Zeit später verließen vier der jungen Leute das Café, sodass die Studentin und ein Student übrig blieben. Alle Engel blieben bei dem Paar am Tisch. Ich rätselte kurz, warum das wohl so war. Der Student sah die junge Frau an und sagte: »Wie gut kennst du sie eigentlich?« Er erwartete wohl, dass sie sagen würde: »Ich kenne sie kaum.«

Die junge Frau schaute ihm in die Augen, und ihr Schutzengel richtete sich auf und legte seine Hände auf ihre Schultern. Die Studentin richtete sich ebenfalls auf, sah den jungen Mann traurig an und sagte tonlos: »Gloria ist meine beste Freundin, und ich habe sie gerade hängen lassen.«

Dem jungen Mann fiel die Kinnlade herunter. Offenbar erkannte er plötzlich, woran er sich gerade beteiligt hatte. Es war, als höre er auf einmal all die Botschaften, die ihm die Engel zu vermitteln versucht hatten, während das Gespräch im Gange war. Er saß schweigend da und schämte sich zutiefst.

Die junge Frau blieb ein paar Minuten neben ihm sitzen. Auch sie war niedergeschlagen – zum einen aufgrund des Verhaltens ihrer Freunde und zum anderen weil sie es nicht geschafft hatte, für Gloria einzutreten. Ihr Schutzengel sah mich an und erzählte mir, er habe versucht, sie dazu zu bewegen, den anderen mutig zu widersprechen und ihre Freundin zu verteidigen. Er erklärte mir außerdem, dass sie das Gespräch hätte unterbinden können, wenn sie gleich eingegriffen hätte. Die Gruppe hätte sich dann nicht so in ihre Hasstiraden hineingesteigert.

Wir alle sollten darauf achten, ob verletzende oder hasserfüllte Dinge über andere gesagt werden. Es ist unsere Pflicht, dagegen anzugehen, wenn sich Hass aufbaut. Es betrifft jeden Einzelnen von uns, wenn negativ über andere Menschen hergezogen und getratscht wird. In der heutigen Zeit fachen auch die Medien die Flammen des Hasses kräftig mit an. Sie erzeugen Gräben zwischen verschiedenen Gruppierungen. Die Medien sind extrem wichtig und spielen eine entscheidende Rolle bei der Gestaltung einer besseren Welt, aber allzu häufig sorgen sie für Zwietracht, Neid und Hass – da sie sensationslüstern sind, anstatt sich darum zu bemühen, die Wahrheit aufzudecken.

Neid kann ebenfalls ein Same des Hasses sein und viel Glück in einem Leben zerstören. In Maynooth wohnte ein Mann in einem großen Haus nicht weit entfernt von mir, dem ich hin und wieder zufällig begegnete. Er hatte viel Geld und ein wunderschönes Zuhause, aber jedes Mal, wenn wir uns trafen, erzählte er von seinem Cousin, der ein kleines Unternehmen von ihrem Onkel geerbt hatte. Mein Nachbar war der Meinung, dass ihm das Unternehmen zugestanden hätte und sein Cousin es sich unter einem falschen Vorwand erschlichen habe. Er war offenbar überhaupt nicht dazu in der Lage, die Möglichkeit in Betracht zu ziehen, dass sein Onkel das Unternehmen seinem Cousin vermacht hatte, weil mein Nachbar – im Gegensatz zu dem Cousin – bereits sehr viel Geld hatte. Der Mann schimpfte ständig über seinen Cousin und dessen Familie und bezeichnete sie als Nichtsnutze. Er sagte, sie seien zu nichts zu gebrauchen, und er hoffe, dass das Unternehmen pleitegehe.

Jedes Mal, wenn ich ihn sah, öffnete sich sein Schutzengel. Dieser Engel empfand sehr viel Liebe und Mitgefühl ihm gegenüber und versuchte ständig, ihn dazu zu bringen, sein Herz zu erweichen und sich von Neid und Verbitterung zu verabschieden. Aber der Mann hörte nicht auf ihn. Er wurde von seinem Neid aufgefressen. Er war völlig besessen davon und konnte offenbar über nichts anderes mehr sprechen. Manchmal sah ich, wie sein Schutzengel mit seinen Händen gestikulierte, um den Mann zu bewegen, nach vorn zu blicken – aber ohne Erfolg.

Ich bin im Laufe der Jahre so vielen Menschen begegnet, die von ihrem Neid auf jemand anders förmlich aufgefressen wurden. Häufig ist der andere sich des Neids gar nicht bewusst, oder er macht ihm nichts aus. Dieser Mensch lebt sein Leben einfach weiter, während die neidische Person durch ihren Hass gelähmt wird. Jahre später wacht der Neider auf und erkennt, dass das Leben an ihm vorbeigegangen ist, während er von Neid und Missgunst vereinnahmt war.

Neid herrscht nicht nur zwischen Menschen, es kommt auch zwischen Organisationen, Religionen und Ländern dazu. Selbst Organisationen, die dafür da sind, Menschen zu helfen, lassen manchmal Neid aufkommen. Vor Kurzem erfuhr ich von einer Wohltätigkeitsorganisation, in der man neidisch darauf war, dass die Menschen einer anderen Organisation mehr Geld spendeten.

Ich spreche hier nicht über das Konkurrenzdenken. Konkurrenzdenken und Neid sind zwei völlig verschiedene Kräfte. Die Konkurrenz fördert die

Kreativität und Offenheit sowie das Bestreben, etwas auf eine neue Weise zu tun beziehungsweise zu verbessern. Sie hilft uns häufig dabei, etwas aufzubauen und Verbesserungen für viele zu bewirken. Beim Neid geht es darum, jemanden oder etwas schlechtzumachen. Die Konkurrenz spornt uns zu größeren Dingen an, aber der Neid mindert uns und andere herab.

Unsere Welt wäre ein weitaus besserer Ort zum Leben, wenn es weniger Neid und Missgunst unter unseren politischen Führern und in Institutionen gäbe. Neid (oder Angst) davor, dass eine Region, eine politische Partei oder eine Institution besser als die eigene sein könnte, hindert die Leute in Machtpositionen daran, Lösungen für Probleme zu erkennen – Lösungen, die uns allen zugutekommen würden.

Wehren Sie sich bewusst dagegen, dass sich Hass in Ihr Leben einschleicht. Es kann so schnell passieren. Zum Beispiel wenn jemand sich über etwas Triviales mit seinem Chef streitet – etwa weil er Urlaub nehmen möchte, der Chef ihm das aber nicht genehmigt. Der Betroffene ist wütend, fühlt sich ungerecht behandelt und beginnt an all die negativen Dinge zu denken, die sein Chef je gemacht hat (nie an die positiven Dinge). Der Hass schleicht sich ein und nimmt fortwährend zu. Wir alle sollten stets auf der Hut davor sein, dem Hass Raum zu geben.

Durch unseren Zorn nähren wir den Hass. Er ist eine schlechte Angewohnheit und kann zu einer

Lebenseinstellung werden. Ich erinnere mich an einen Landwirt, den ich gegen Ende meiner Teenagerzeit kennenlernte, als ich mit meinem Vater beim Angeln war. Ich habe selten jemanden getroffen, der so zornig war wie dieser Mann. Er war wütend auf alles und jeden. Niemand konnte es ihm recht machen. Er war sogar wütend auf das Gras, da es nicht so wuchs, wie er es wollte.

Er fühlte sich stets im Recht, und alle anderen hatten seiner Meinung nach unrecht. Das nutzte er als Ausrede, warum in seinem Leben stets alles misslang. Seine Farm war in einem desolaten Zustand, doch er war davon überzeugt, dass andere Leute daran schuld waren.

Es war sehr traurig zu sehen, wie sich seine Wut auf seine ganze Familie und die Farm auswirkte. Seine Frau hatte eine äußerst negative Einstellung und war sehr misstrauisch. Einmal sah ich, wie sie wütend einen Stuhl fortstieß, der ihr im Weg stand. Es war eine überflüssige Aktion, und als ich die Engel fragte, warum sie das getan habe, sagten sie mir, sie habe die Angewohnheit ihres Mannes übernommen, ständig auf alles in ihrem Umfeld wütend zu sein. Es war zu einer Lebenseinstellung geworden, die die Eltern auch an ihre Kinder weitergaben. Die Kinder, insbesondere der älteste Sohn, hatten nie andere Verhaltensweisen vorgelebt bekommen – die Eltern waren grundsätzlich wütend auf die Welt und machten sie für alles verantwortlich.

Ich dachte oft an diese Familie und betete dafür, dass einige Kinder aus dem Kreislauf des Zorns und des Hasses ausbrechen würden. Ich bin der Familie nie wieder begegnet, aber mein Vater sah sie gelegentlich, und ich fragte ihn einmal – etwa zehn Jahre später –, ob sich etwas verändert habe. Zu diesem Zeitpunkt hatte sich ihm zufolge noch nichts verändert.

**Hass befällt unser Herz aufgrund von Neid, Verbitterung und Zorn und entwickelt ein Eigenleben, da er durch jedes negative Ereignis genährt wird.**

Die Wut raubt dem Leben das Glück und die Freude. Es ist eine Angewohnheit, in die man leicht verfallen kann. Wütende Menschen halten ständig Ausschau nach jemandem, dem sie die Schuld an etwas geben können, oder nach einer Ausrede, warum die Dinge in ihrem Leben nicht gut laufen. Ironischerweise haben einige wütende Leute ziemlich viel im Leben, aber sie erkennen es nicht. Das Feuer des Zorns, das in ihnen brennt, wird durch kleine Enttäuschungen genährt. Lappalien werden für solche Leute zu großen Problemen – etwa wenn jemand nicht ans Telefon geht, wenn jemand sie ignoriert oder eine bestimmte Geschichte in einer Zeitung. Da sie das Feuer des Zorns in ihrem Inneren auf diese Weise schüren, lassen sie zu, dass es sie verzehrt, und so wird noch mehr Liebe eingeschlossen.

Es gibt eine weitere Form der Wut, die sich gegen die Ungerechtigkeit in der Welt richtet. Es ist eine Wut, die sich für positive Veränderungen einsetzt und dabei hilft, sie umzusetzen. Wenn wir unsere Gefühle ernsthaft und ehrlich prüfen, werden wir den Unterschied zwischen einem hasserfüllten Zorn und einer gerechten Wut erkennen, die mit Mitgefühl und Liebe verknüpft ist.

Eine gerechte Wut verleiht uns den Mut, für uns selbst einzutreten und, falls nötig, etwas zu unternehmen, um uns selbst und geliebte Menschen zu schützen sowie Dinge, die wir für richtig halten. Die Engel sagen mir, dass heutzutage mehr berechtigte Wut in der Welt sichtbar wird. Die Menschen verlangen, dass Institutionen und politische Führer für ihr Handeln verantwortlich gemacht werden. Die zunehmende Forderung nach Transparenz könnte im Moment zwar den Anschein erwecken, als würde die Welt instabiler, aber mir wird immer wieder von den Engeln versichert, dass es ein Schritt zum Guten ist. Menschen und Organisationen für ihr Handeln verantwortlich zu machen ist eine notwendige Etappe auf dem Weg in eine glänzendere Zukunft.

Leider kann sich eine gerechtfertigte Wut auch in einen hasserfüllten Zorn verwandeln. Menschen, die sich für eine gerechte Sache einsetzen, sollten sich daher stets an die Gründe für ihre berechtigte Wut erinnern. Auf diese Weise verlieren sie nicht die Verbindung zur Quelle ihrer gerechtfertigten Wut. Sie müssen sich bewusst sein, worauf sich ihr ursprünglicher Fokus richtete – die Ungerechtigkeit, das Fehlverhalten, Liebe und Mitgefühl gegenüber anderen –, die Dinge also, die ihre berechtigte Wut anfangs entfacht haben. Was als gerechtfertigte Wut gegen ein Unrecht beginnt, gerät allzu häufig außer Kontrolle und schaukelt sich zu einem hasserfüllten Zorn voller Rachegelüste auf. Doch die Engel sagen mir, dass die gerechte Wut rein und frei von Hass bleiben kann, wenn wir sie aufmerksam beobachten und kontinuierlich hinterfragen. Dann ist sie eine wirksame Kraft für das Gute in unserer Welt.

Leider ist eine von Hass und Rachegedanken befallene gerechtfertigte Wut eine der Hauptursachen für Krieg und Gewalt in unserer Welt.

Letztes Jahr flog ich für eine Lesereise nach Zagreb. Als wir am Flughafen in Dublin waren, lenkten die Engel meine Aufmerksamkeit auf eine Gruppe von acht Männern zwischen Ende zwanzig und Anfang fünfzig, die in einer Bar etwas tranken. Der Flughafen war sehr voll, und ich beachtete sie nicht weiter. Als ich das Flugzeug betrat und zu meinem Sitz im hinteren Bereich ging, sah ich dieselbe Gruppe von Männern von Engeln umringt. Das Licht des Schutzengels hinter einem der Männer öffnete sich. Der Engel überragte ihn und schien seine Arme liebevoll und mit großem Mitgefühl um den Mann gelegt zu haben. Ohne Worte forderte er mich auf, meinen Blick gesenkt zu halten und die Männer nicht anzusehen, um ihre Aufmerksamkeit nicht zu erregen.

Ich verstand nicht, warum ich mich so verhalten sollte, tat aber genau, wie der Engel mich geheißen hatte. Ich nahm auf meinem Sitz Platz. Auf dem Fensterplatz neben mir saß ein junger Mann, der von großen schlanken Engeln umgeben war.

Es fiel mir schwer, nicht zu der Gruppe von Männern zu sehen, die auf der anderen Seite des Gangs ein paar Reihen vor mir saß. Die Männer sprachen sehr laut mit lallenden Stimmen in einer Sprache, die ich nicht verstand.

Eine Weile nachdem wir gestartet waren, forderten die Engel bei dem jungen Mann auf dem Fensterplatz mich auf, ein Gespräch mit ihm zu beginnen. Wir unterhielten uns über sein Reiseziel und seine Arbeit. Es war keine lockere Unterhaltung, da er sehr angespannt und verärgert wirkte. Die Engel versicherten mir, es liege nicht an mir, und wiesen mich an, weiterhin mit ihm zu sprechen. Ich fragte ihn, ob er Flugangst habe. Da forderten die Engel mich auf, einen kurzen Blick auf die Gruppe von Männern zu werfen. Das tat ich, und in diesem Moment öffnete sich das Licht der Schutzengel hinter allen Männern.

Ich wandte mich kurz dem jungen Mann zu. Auch sein Schutzengel öffnete sich. Dieser Schutzengel hatte eine männliche Erscheinung und hielt eine lange schlanke Hand voller Licht vor die Brust des Mannes, so als wolle er dessen Herz streicheln. Ein wunderschönes Licht strömte aus der Hand des Schutzengels hervor. Auf seinem Gesicht lag ein Ausdruck von enormer Liebe und großem Mitgefühl.

Der junge Mann wandte sich mir zu und begann mit leiser, aber energischer Stimme zu sprechen. Offenbar wollte er nicht, dass irgendjemand mithörte, was er sagte. »Sehen Sie nicht zu diesen Männern hinüber! Sie sind Abschaum! Tiere! Wenn Sie verstehen könnten, was sie sagen, wären Sie entsetzt. Mein Land befand sich lange Zeit mit ihnen im Krieg, und sie haben sich nicht verändert. Während des Krieges schlichen sie sich nachts in die Dörfer und töteten alle Bewohner. Sie waren solche Feiglinge und töteten sogar wehrlose Kinder. Sie kannten keine Gnade. Mein Gott, wie sehr ich sie hasse.«

Der junge Mann hatte seine Hände so fest zu Fäusten geballt, dass seine Fingerknöchel weiß wie Schnee waren. Sein Schutzengel teilte mir ohne Worte mit, der junge Mann habe mit Hass und Rachegelüsten zu kämpfen.

Der Mann erzählte mir entsetzliche Geschichten, die er als Kind von seinem Großvater gehört hatte. Grausame Geschichten von Tod, Verlust und zerstörtem Grundbesitz. Er berichtete mir zudem Dinge, die er als Kind selbst erlebt hatte. Ich konnte den abgrundtiefen Hass und die Rachegelüste dieses Mannes spüren.

Sein Schutzengel forderte mich auf, ihn zu fragen, ob er Kinder habe. Das tat ich. Der Mann antwortete, er habe keine Kinder und sei nicht verheiratet, wünsche sich aber, eines Tages eine Familie zu gründen.

Ich fragte ihn, wie er es fände, wenn seine Kinder mit einem solchen Hass und solchen Rachegedanken im Herzen aufwachsen würden.

Der junge Mann sah mich einen Moment lang an. »Wie soll man den Hass und die Rachegedanken loswerden? Wie soll ich das schaffen, wenn sie mich bei jeder Gelegenheit provozieren? Wenn sie andere laut verhöhnen und sich aufspielen? Sie machen sich keine Vorstellung, wie widerwärtig sie sind. Ich hasse sie. Ich würde sie alle töten, wenn ich könnte.«

Ich hatte großes Mitgefühl mit dem jungen Mann. Der Hass nagte so stark an ihm, dass er keinen Ausweg sah. Ich sagte ihm, was der Engel Elija mir einige Jahre zuvor mitgeteilt hatte: »Es ist leicht, Krieg zu führen. Den Frieden zu bewahren ist die allerschwerste Aufgabe.« Der junge Mann sah mich an, als sei das eine nette, aber völlig unrealistische Weisheit.

Trotzdem unterhielten wir uns weiter. Wir sprachen darüber, welche Welt er sich für seine Kinder wünschte. Und er räumte ein, dass er seine Kinder nicht inmitten von Krieg und Gewalt aufwachsen sehen wollte. Wir redeten auch über seinen Hass. Als ich die Kraft der Vergebung ansprach, verdrehte er nur verbittert die Augen. Sein Schutzengel öffnete sich neben ihm und forderte mich auf weiterzusprechen – auch wenn ich dächte, meine Worte würden auf taube Ohren stoßen, dringe meine Botschaft zu dem jungen Mann durch, so der Schutzengel. Trotz seiner abwehrenden Haltung hörte der junge Mann, was ich sagte, und begann darüber nachzudenken, wie eine Zukunft ohne Hass für ihn und seine Kinder aussehen würde.

Die Unterhaltung schien zu einem natürlichen Ende zu kommen. Der junge Mann war tief in Gedanken versunken. Er ließ sich nicht mehr von den Männern irritieren. Es war, als höre er sie nicht mehr, obwohl sie genauso laut waren wie zuvor. Die Dinge, die ich ihm gesagt hatte, beschäftigten ihn, das wusste ich. Er war voller Hass und Zorn. Was einige Generationen zuvor wahrscheinlich als gerechtfertigte Wut begonnen hatte, war nun mit Hass durchsetzt, und dieser Hass wurde durch die Provokationen im Flugzeug geschürt. Es ist sehr schwer für die Menschen, aus dem Kreislauf des Hasses auszubrechen und nicht länger nach Vergeltung zu streben.

Während der junge Mann gedankenverloren dasaß, sah ich erneut kurz zu der Gruppe von Männern hinüber. Der Blick eines der jüngeren Männer begegnete meinem. Zu meiner Überraschung sah er mich nicht voller Trotz und Wut an. Er wirkte eher beschämt, als spüre er, dass ich mitbekam, wie er und seine Freunde sich aufführten, und als sei es ihm peinlich dazuzugehören. Sein Schutzengel öffnete sich erneut hinter ihm und sprach dieses Mal zu mir. Er sagte mir, der lauteste von den Männern sei der

Onkel des jüngeren Mannes. Er habe ihn großgezogen. Als der jüngere Mann aufgewachsen sei, habe sein Onkel ihm Geschichten voller Hass erzählt. Er habe mit Racheakten und Gewalttaten geprahlt, die er begangen hatte. Der Schutzengel bat mich, dafür zu beten, dass der junge Mann ebenfalls aus dem Kreislauf der Gewalt und des Hasses ausbrechen würde.

Ein paar Menschen haben mir gesagt, dass sie diese Geschichte deprimierend finden. Aber für mich ist es eine Geschichte der Hoffnung, denn mir wurde Folgendes gezeigt: Die beiden Männer erkannten, dass sie frei entscheiden konnten, den Kreislauf zu durchbrechen. Sie waren sich ihres Potenzials bewusst, den Kreislauf des Hasses und der Vergeltung innerhalb ihrer Familie zu durchbrechen, damit diese sich nicht auf ihre Kinder übertrugen – so wie es bei ihnen selbst der Fall gewesen war.

Sehr häufig wird Hass, der seine Wurzeln in der Vergangenheit, sogar in einer fernen Vergangenheit hat, in die Zukunft mitgeschleppt und belastet so künftige Generationen. Viele von uns hatten Glück, weil sie nicht in einer Gegend aufgewachsen sind, die von Krieg und Gewalt zerstört war. Aber viele von uns tragen nach wie vor einen Hass in sich, der seine Wurzeln in der Vergangenheit hat. Etwa die Überzeugung, andere Menschen seien minderwertig aufgrund ihres Glaubens, ihrer Schulbildung, ihres sozialen Hintergrundes, aufgrund ihrer Hautfarbe, ihrer sexuellen Orientierung oder ihrer Nationalität. Manchmal herrscht sogar Hass in der eigenen Familie. Wir alle sollten stets darauf achten, ob wir hasserfüllte Überzeugungen aus der Vergangenheit aufrechterhalten und sie womöglich sogar an nachfolgende Generationen weitergeben.

Zwischen meinem Sitznachbarn und mir ergab sich keine weitere Unterhaltung mehr, abgesehen davon, dass wir uns beim Aussteigen voneinander verabschiedeten. Aber ich schließe ihn und die anderen Männer stets in meine Gebete ein. Ich bete dafür, dass sie den Mut und die Kraft haben werden, den Kreislauf zu durchbrechen und ihre Kinder frei von Hass großzuziehen.

Hass ist eine solch negative Emotion. Er befällt unser Herz aufgrund von Neid, Verbitterung und Zorn und entwickelt ein Eigenleben, da er durch jedes negative Ereignis genährt wird. Menschen können eine Person ihr gesamtes Leben lang wegen einer Banalität hassen, die sich in ihrer Kindheit ereignet hat. Wir können den Kreislauf des Hasses nur beenden, wenn wir den aufsteigenden Hass in uns bewusst wahrnehmen, wenn wir darauf achten, woher er stammt und wodurch er hervorgerufen wird.

Wir alle begegnen Widrigkeiten und Herausforderungen in unserem Leben. Wir alle sind der Versuchung ausgesetzt, dem Hass nachzugeben, und die meisten von uns tun das gelegentlich. Aber wir haben stets die Möglichkeit, es nicht zu tun. Wenn wir uns gegen den Hass entscheiden und ihn nicht mit negativen Gedanken nähren, lassen wir ein erfüllteres Leben zu. Wenn wir Hass in unserem Herzen tragen, sind wir nicht in der Lage, die Liebe darin freizusetzen.

Wenn wir erkennen, dass wir Hass zugelassen haben, können wir nachsichtig mit uns sein und uns verzeihen. Versuchen wir, den Hass zu bezwingen, indem wir uns selbst und verhasste Menschen auf mitfühlende Weise betrachten, verändert sich so vieles. Wir beginnen, das Gute im anderen zu sehen, und erkennen auch die Güte und Liebe in uns selbst.

Die Vergebung hat eine enorme Kraft. Wir könnten viel schneller verzeihen, wenn wir das Geschenk erkennen würden, das uns zuteilwird, wenn wir uns selbst oder anderen vergeben. Der Schlüssel zur Vergebung liegt darin, sich selbst und anderen mit Mitgefühl und Verständnis zu begegnen. Ich möchte Ihnen gern schildern, was ich sehe, wenn jemand sich bei einem anderen Menschen entschuldigt, es wirklich so meint und ihm daraufhin verziehen wird. Ich habe es erst letzte Woche beobachtet, als meine Tochter Megan sich bei einer Freundin entschuldigte, nachdem sie sich mit ihr gestritten hatte.

Als Megan »Es tut mir leid« sagte, sah ich eine Woge der Liebe aus den Mädchen hervorbrechen, die beide überströmte. Die Intensität der Liebe war in diesem Moment sehr groß, obwohl die Mädchen gar nicht so eng miteinander befreundet waren. Ihre Schutzengel bewegten sich nach vorn und umschlossen die Mädchen mit ihren Armen wie in einem Kreis. In diesem Moment strahlten die Engel heller. Es war, als feierten sie diesen Akt der Vergebung und als zementierten sie ihn fest. Mir wurde gezeigt, dass beide Mädchen eine große Portion ihrer eingeschlossenen Liebe freigesetzt hatten, indem sie um Verzeihung baten beziehungsweise verziehen.

Das geschieht jedes Mal, wenn jemand sich entschuldigt und es ernst meint, und jedes Mal, wenn jemand einem anderen Menschen verzeiht.

Wenn die Menschen sich selbst verzeihen, geschieht etwas Ähnliches. Die Kraft der Liebe bricht aus ihnen heraus und überflutet sie, sodass sie von innen heraus erleuchtet werden. Das Licht scheint zu ihnen zurückzuströmen und sie mit Licht und Liebe zu erfüllen. Der Schutzengel umschließt sie mit seinen Armen, als würde er sie herzlich umarmen.

Die Vergebung ist ein sehr großes Geschenk, da sie uns hilft, den Kreislauf des Neids, des Hasses oder des Zorns zu durchbrechen. Leider sind viele Menschen den Engeln zufolge entweder zu stur oder zu stolz, dieses Geschenk anzunehmen. Wenn wir uns selbst und anderen verzeihen, besiegen wir den Hass und können so eine große Portion Liebe freisetzen, die in uns eingeschlossen ist. Wir sind glücklicher und eher in der Lage, die guten Dinge in unserem Leben zu schätzen.

Die Liebe macht uns zu besseren Mitgliedern unserer Familien und der Gesellschaft. Hass sät große

Ansprüche. Menschen, die viel Hass in sich tragen, sind der Meinung, ihnen stünden bestimmte Dinge zu. Sie sehen gar nicht ein, warum sie etwas tun sollten, wenn nichts dabei für sie herausspringt. Wir alle könnten so viele Dinge tun, um die Welt für einen Nachbarn, einen Fremden sowie für alle Menschen besser zu machen. Wenn die Leute von Zorn, Neid oder Hass vereinnahmt sind, mangelt es ihnen an Liebe. Dann erkennen sie solche Chancen nicht und führen ein weitaus begrenzteres Leben.

Hassgefühle hindern uns, unsere Familien, unser soziales Umfeld und unsere Welt daran, glücklich zu sein und unser Potenzial im Leben voll auszuschöpfen.

Kapitel 13

# Liebe – das Geschenk des Himmels

Vor langer, langer Zeit, als Gott die ersten Menschen erschuf, verliebte er sich in uns. Und aus diesem Grund entschloss er sich dazu, allen Menschen eine Seele zu schenken. Das sagte mir der Erzengel Michael lächelnd. Zudem erklärte er mir Folgendes: Zu der Zeit, als Gott das Leben erschuf, betrachtete er sein Werk und verliebte sich in die Menschen. Er liebte alles an uns, selbst unsere Unvollkommenheit. Er liebte uns auf eine Weise, die sich von seiner Liebe zu all seinen anderen Geschöpfen unterschied. Deshalb entschloss er sich, uns etwas Einzigartiges zu schenken, etwas, das jeden einzelnen Menschen von anderen Lebewesen unterschied, die er erschuf.

Gott hat jedem Einzelnen von uns einen Teil, einen Funken von sich selbst geschenkt: Dieser Lichtfunken Gottes ist unsere Seele. Wir können nicht begreifen, wie grenzenlos Gottes Liebe ist, wie rein und unendlich sie ist. Indem er jedem von uns eine Seele schenkte, die ein Lichtfunken von ihm selbst ist, hat Gott uns ein einzigartiges und mächtiges Geschenk gemacht: die Fähigkeit zu lieben.

Daher stammt die Liebe.

Der Engel Michael sagte mir, er werde mir helfen, besser zu verstehen, woher die Liebe stamme. Er nahm meine Seele, und plötzlich war ich im Himmel inmitten eines Meeres aus Seelen. Eine Seele für jedes einzelne Mitglied der menschlichen Gattung. Mir wurde gesagt, dass all die Seelen da waren, die je für die Menschheit benötigt würden. Ich konnte nicht erkennen, wo die Seelen begannen oder endeten.

Ich wurde einfach mitten hineingesetzt. Ich empfand eine überwältigende Liebe. Ich war in der Präsenz all dieser Seelen. Und jede einzelne war ein Lichtfunken Gottes, daher befand ich mich in der Präsenz Gottes.

Jede Seele wartete darauf, dass Gott einen Schutzengel für sie auswählte. In einiger Entfernung sah ich einen Schutzengel, der durch das Seelenmeer schritt. Er bewegte sich inmitten von Millionen von Seelen, aber er wusste, wohin er gehen musste. Er ging direkt auf die Seele zu, der er als Torhüter zugeteilt worden war.

Der Schutzengel fand die Seele, die er führen sollte, und als er ihr zum ersten Mal begegnete, war es, als komme es zu einer Liebesexplosion zwischen der

Seele und dem Schutzengel. Sie umarmten sich inniglich, als würden sie ineinander hineintreten.

Ich sah zu, als der Schutzengel und die Seele auf Gott zugingen. Es war wie eine lange, lange Reise, und mir wurde erlaubt, jeden Schritt zu beobachten. Dabei unterhielten sich die Seele und der Schutzengel. Sie tauschten sich voller Liebe und Freude aus und lernten einander kennen.

Schließlich standen die Seele und der Schutzengel vor Gott. Gott umarmte die Seele und nannte sie »mein Kind«.

**Jeder von uns ist ein Kind Gottes. Wir sind reine Liebe und haben stets die Wahl, mehr von der Liebe freizusetzen, die wir in unserem Inneren eingeschlossen haben.**

Wenn die beiden vor Gott stehen, wird die wahre Verbindung zwischen dem Schutzengel und der Seele hergestellt. Aufgrund seiner überwältigenden Liebe zu uns, seinen Kindern, hat Gott einen Schutzengel als Torhüter unserer Seele auserkoren und ihm aufgetragen, uns sicher wieder zurück in den Himmel zu bringen. Gott wartet darauf, dass jeder Einzelne von uns nach Hause kommt.

Ihr Schutzengel kann Sie nie verlassen. Er *will* Sie ohnehin nicht verlassen. Er ist ständig in der Gegenwart Ihrer Seele, die ein Lichtfunken Gottes ist. Daher ist Ihr Schutzengel ständig in der Gegenwart Gottes. Das ist Gottes Geschenk an Ihren Schutzengel – er gestattet ihm, bis in alle Ewigkeit in seiner Gegenwart zu sein.

Während der Schutzengel und die Seele so vor Gott standen, durfte die Seele sich ihre Eltern aussuchen. Sie wählte sie aus (sie wusste alles über sie) und liebte sie bedingungslos.

Gott forderte den Schutzengel auf, diese Seele mitzunehmen, damit sie im menschlichen Körper ihrer auserwählten Mutter empfangen werden konnte. Außerdem erinnerte er den Schutzengel daran, dass der Seele in ihrem menschlichen Körper die Freiheit geschenkt worden sei, Entscheidungen zu treffen. Der Schutzengel müsse den freien Willen der Menschen respektieren und dürfe seine Grenzen nicht übertreten.

Der Schutzengel hält die Seele mit seinen Händen fest und bringt sie vom Himmel zur Erde, so wie er die Seele am Ende des Lebens wieder zurück zum Himmel bringt. Im Moment der Empfängnis bringt der Schutzengel die Seele sanft in den winzigen menschlichen Körper. Er hält sie und bleibt mit ihr bis zum Moment der Geburt im Mutterleib. Der Schutzengel wird mit dem Baby geboren und hält sie in diesem Moment immer noch, aber unmittelbar nach der Geburt lässt er die Seele los und gewährt dem Menschen die Freiheit, seine eigenen Entscheidungen zu treffen.

Ihr Schutzengel liebt Sie bedingungslos, weil Sie reine Liebe sind. Egal wie viel Liebe Sie in Ihrem Leben in sich einschließen mögen, Ihr Schutzengel nimmt Sie stets als reine Liebe wahr, so wie in dem Moment, als Sie sich zum ersten Mal im Himmel begegneten.

Ihr Schutzengel weiß, dass wir Menschen unter anderem deshalb unvollkommen sind, weil die meisten von uns einen großen Teil unserer Liebe einsperren – allerdings wird er sein Bestes tun, um Sie daran zu hindern.

Ihr Schutzengel unterstützt Sie zudem stets dabei, die Liebe, die Sie bereits eingesperrt haben, zu befreien. Jedes Mal, wenn Ihr Schutzengel Sie zum Lachen bringt oder dazu, dass Ihnen etwas Spaß macht, hilft er Ihnen, eine weitere Portion Liebe freizusetzen. Und dabei kann er Ihnen Ihr ganzes Leben lang helfen.

Ihr Schutzengel gibt niemals auf. Er stand vor Gott, als Gott Sie »mein Kind« genannt hat, und wurde zum Torhüter Ihrer Seele ernannt. Ihr Schutzengel steht in ständigem Kontakt mit Gott über Sie. Für uns Menschen ist das schwer vorstellbar, ganz zu schweigen davon, dass Gott an unserer Freude und unserem Glück ebenso Anteil nimmt wie an Schmerz und Leid in unserem Leben. Gottes Liebe ist so unglaublich, sie ist unermesslich.

Einige Menschen, die dies lesen – so wird mir gesagt –, werden fragen: »Spricht sie über ›meinen Gott‹? Ist dies der Gott der Katholiken, der Muslime, der Juden?« Ich könnte hier weitere Religionen und Glaubensrichtungen aufzählen. So viele Menschen verschiedenen Glaubens wollen glauben, ihr Gott sei den Göttern anderer Religionen überlegen, ihr Gott sei der einzig wahre.

Gott ist Gott! Es gibt nur einen Gott, und wir alle teilen ihn. Gott stand vor jeder unserer Seelen, bevor wir irgendeine Religion hatten, und nannte jeden Einzelnen von uns »mein Kind«. Wir sind alle Gottes Kinder, egal wo und wie wir beten oder ob wir überhaupt beten. Je eher wir erkennen, dass alle Religionen eins sind und dass wir unter einem gemeinsamen Schirm vereint sein sollten, je eher wir gemeinsam beten, desto besser und liebevoller wird unsere Welt sein – das wird mir immer wieder gesagt.

Gott liebt uns so sehr, dass er seinen Sohn Jesus geschickt hat, damit er unter uns leben und das Leben als Mensch erfahren konnte.

Ich habe gesagt, dass wir alle Gottes Kinder sind. Daher habe ich den Erzengel Michael gefragt, wie ich den Unterschied zwischen Gottes Sohn Jesus und dem Rest von uns beschreiben kann. Er hat mir gesagt, ich solle es folgendermaßen erklären: Wir sind alle Gottes Kinder. Jedem Einzelnen von uns wurde ein Lichtfunken Gottes geschenkt: unsere Seele. Jesus ist viel mehr als das. Er ist ein viel größerer Teil Gottes. Jesus kann in Gott eingehen und zu einer Einheit mit ihm verschmelzen. Keine *Seele* kann jedoch in Gott eingehen und mit ihm verschmelzen.

Gott liebt uns sehr. Bevor er seinen Sohn geschickt hat, damit er unter uns leben und die Freuden und Leiden des menschlichen Lebens erfahren konnte, verstand er uns nicht völlig. Er konnte nicht ganz begreifen, warum wir, die wir doch aus reiner Liebe bestehen, so viel Liebe einsperren können. Wie wir, denen eine Welt voller Schönheit und Reichtum geschenkt wurde, Hunger und Krieg zulassen können. Mir wird gesagt, dass Jesus all die Emotionen der Menschen erleben musste – die Freuden und das Leid, damit Gott uns ganz verstehen konnte. Jesus – so wird mir ebenfalls gesagt – schloss Liebe in seinem Herzen ein, um sich wie wir alle gegen Leid zu schützen. Gott hat nicht eingegriffen und ihn nicht vor diesen schmerzlichen Emotionen bewahrt. In der Nacht vor der Kreuzigung weinte Jesus im Garten Gethsemane und fragte sich, wie sein Vater im Himmel das zulassen konnte. Doch letztlich erhielt er durch das Gebet die Kraft und den Mut, seine Liebe freizusetzen.

Gott musste Jesus auf eine herzzerreißende Weise sterben lassen, um uns zu zeigen, wie groß seine Liebe zu uns ist; um uns eine kleine Ahnung seiner Liebe zu vermitteln, die für uns Menschen unbegreiflich ist. Jesus kam, um Menschen aller Glaubensrichtungen zu helfen. Er wurde zwar in den jüdischen Glauben hineingeboren und praktizierte ihn, doch er war für alle Menschen da. Er ist von den Toten wiederauferstanden, damit die gesamte Menschheit ewig leben kann.

Jesus nahm all seine Erfahrungen als Mensch mit in den Himmel zurück, und nun versteht Gott uns viel besser. Er hat mehr Mitgefühl und Verständnis dafür, wenn wir andere angreifen oder unsere Liebe einschließen und unser Herz abschotten. Daher unterscheidet sich der Gott des Alten Testaments so stark vom Gott des Neuen Testaments.

Gott sieht alles, was wir tun. Wir können nicht einmal die kleinste Sache vor ihm verbergen. Wenn wir gute Dinge tun, liebenswürdig zu uns selbst oder anderen sind, lächelt Gott uns zu, und das hilft uns, mehr von der Liebe freizusetzen, die wir eingeschlossen haben. Wenn wir uns gegenseitig schreckliche Dinge zufügen – so wird mir gesagt –, dann weint Gott. Aber wenn wir uns entschuldigen und es wirklich ernst meinen, verzeiht er uns immer.

Der Erzengel Michael hat mir von einem wunderschönen Ereignis berichtet, zu dem es nur sehr selten kommt. Es geschieht, wenn jeder in der Welt Liebe zum Ausdruck bringt. Es müssen keine großen Liebesbekundungen sein, es könnte einfach ein Lächeln sein, das man einem Fremden schenkt, oder ein guter Wunsch für einen anderen Menschen. Wichtig ist, dass jeder in der Welt mitmacht. Wenn das geschieht, ist es, als ginge eine Woge der Liebe um die Welt. Und Gott erwidert diese menschliche Liebe, indem er sie multipliziert und die Schutzengel anweist, dabei zu helfen, noch mehr von der Liebe freizusetzen, die im Herzen jedes Menschen eingeschlossen ist.

Der Engel Michael hat mir gesagt, zum letzten Mal sei es während des Zweiten Weltkriegs zu einer solchen Woge der Liebe gekommen. Aufgrund meiner menschlichen Perspektive nahm ich stets an, dies sei der Beginn des Kriegsendes gewesen, aber der Engel Michael hat mir das nicht bestätigt.

Ich weiß nicht, warum es dazu kam. Man könnte sich leicht dazu verleiten lassen zu sagen, dass es geschah, weil die Menschheit vor einem Abgrund stand und Gott eingriff, um uns daran zu hindern, die Welt vollkommen zu zerstören. Aber der Engel Michael hat mir gesagt, dass das nicht stimmt, denn Gott wird nie unseren freien Willen übergehen – selbst wenn wir uns selbst zerstören.

Es geschah, weil jede einzelne Person auf der Welt Liebe zum Ausdruck brachte oder liebevolle Gedanken hegte. Vielleicht kam es aufgrund von Gebeten dazu, vielleicht auch weil die Menschen genug vom Krieg hatten oder weil sie auf ihre Schutzengel hörten. Woran es auch gelegen haben mag, sie alle führten eine Liebeshandlung aus, und Gott erwiderte dies, indem er den Schutzengeln auftrug, jedem zu helfen, noch mehr Liebe in die Welt freizusetzen und so die Wirkung der liebevollen Aktionen aller Menschen zu vervielfachen.

Ich wünsche mir so sehr, dass so etwas bald noch einmal geschieht. Es könnte dazu kommen, wenn jeder von uns erkennen würde, dass er ein Kind Gottes ist, dass er reine Liebe ist und dass er in seinem

Inneren die Wahl hat, mehr von der Liebe freizusetzen, die er eingeschlossen hat. Sie sollten sich das bewusst machen. Nutzen Sie Gelegenheiten, bei denen Sie sich selbst, Familienmitgliedern, Freunden, Fremden, unserem Planeten, Tieren, Kindern sowie Menschen, bei denen es Ihnen schwerfällt, mit Liebe begegnen können. Lassen Sie uns eine Woge der Liebe auf der ganzen Welt freisetzen.

# Der 7-Tage-Kurs für mehr Selbstliebe

# Einleitung

## Warum Sie sich diese sieben Tage Zeit nehmen sollten, um sich selbst mehr zu lieben

Wenn wir nur ein wenig mehr von der Liebe herauslassen würden, die wir in unserem Inneren eingeschlossen haben, wären wir viel glücklicher, weniger kritisch und viel erfüllter. Unser Leben und das der Menschen in unserem Umfeld würden sich verändern.

Wenn Menschen sich selbst lieben, sehe ich, wie die Liebeskraft von ihnen ausstrahlt, sich auf alle Menschen in ihrem Umfeld auswirkt und sie selbst im Gegenzug liebevoller und glücklicher macht. Wenn Sie sich selbst mehr lieben, verändert das alles. Wenn Sie lernen, mehr von Ihrer Liebe hinauszulassen, werden Sie weniger kritisch mit Ihren eigenen Unzulänglichkeiten umgehen und daher glücklicher und erfüllter sein.

Manche Menschen glauben, dass sie sich selbst mehr lieben werden, wenn ein anderer sie liebt – etwa wenn sie sich verlieben oder ein Kind haben. Die bittere Wahrheit ist allerdings, dass Sie niemanden mehr lieben können als sich selbst. Wenn Sie nur ein kleines bisschen von Ihrer Liebe hinauslassen, dann sind Sie lediglich in diesem Maße dazu in der Lage, andere zu lieben. Je mehr Sie sich selbst lieben, desto mehr können Sie auch andere lieben. Wenn Sie sich eine romantische Liebe in Ihrem Leben wünschen, werden Sie diese eher finden, wenn Sie sich selbst mehr lieben.

Seitdem ich das Buch *Liebe – Das Geschenk des Himmels* geschrieben habe, drehen sich die meisten Fragen, die mir gestellt werden, um das Thema, wie man sich selbst mehr liebt. Daher habe ich den Engel ohne Namen darum gebeten, mir dabei zu helfen, diesen 7-Tage-Kurs zu entwickeln.

Während ich daran gearbeitet habe, hat der Engel ohne Namen mir vorgesagt, was ich schreiben soll, um die Liebe in Ihrem Inneren hervorzubringen. Wenn Sie diesen Kurs durchführen, wird das nicht nur Liebe, sondern auch viele andere Gefühle hervorrufen. Das ist vielleicht nicht immer leicht, aber die Engel haben mich angewiesen, Ihnen zu sagen, dass Sie nicht allein sein werden – Ihr Schutzengel wird wie immer bei Ihnen sein, und darüber hinaus – das hat der Engel ohne Namen mir versichert – wird er Ihnen weitere Engel schicken, die Ihnen helfen werden.

Wenn Sie sich sieben Tage lang jeweils 20 Minuten Zeit nehmen, um diesen Kurs zu absolvieren – das versichern mir die Engel –, wird Ihnen das helfen, mehr von der Liebe freizusetzen, die Sie in Ihrem Inneren eingeschlossen haben.

Es ist Ihre Entscheidung, ob Sie diesen Kurs absolvieren oder nicht. Wie immer haben Sie – mit der Hilfe der Engel – die freie Wahl. Sie müssen es tun wollen. Ich bete dafür, dass Sie und so viele andere Menschen wie möglich sich dafür entscheiden teilzunehmen.

Wenn Sie es tun, werden nicht nur Sie davon profitieren – die Liebe, die Sie freisetzen, wird das Leben für die Menschen in Ihrem Umfeld liebevoller machen und sich positiv auf unsere gesamte Welt auswirken.

### *Wie Sie diesen Kurs absolvieren*

Vielleicht wollen Sie sich den Kurs in einer Sitzung durchlesen – das ist in Ordnung. Aber ich möchte Sie gern bitten, danach noch einmal von vorn zu beginnen und ihn sieben Tage lang jeweils Tag für Tag durchzugehen, täglich etwa 20 Minuten.

Jeder Tag hat ein Thema und setzt sich aus einem Text sowie einer Aufforderung, etwas Bestimmtes zu tun, zusammen. Für jeden Tag gibt es außerdem ein Motto. Ich möchte Sie bitten, dieses Motto mindestens drei Mal während des Tages zu wiederholen – wenn Sie es laut aussprechen möchten, ist das großartig. Damit Sie sich besser an alle Tagesmottos erinnern können, wurden diese auf Karten geschrieben, die dem Buch beigelegt sind. Sie können die Karte für den jeweiligen Tag nehmen und sie in Ihre Geldbörse oder Brieftasche legen, um sich daran zu erinnern, das Motto auszusprechen.

Machen Sie sich keine Gedanken, wenn Sie es vergessen oder sich beim Wortlaut vertun – die Engel versichern mir, dass Sie nichts falsch machen können, sobald Sie sich dazu entscheiden, mehr von der Liebe hinauszulassen, die Sie eingeschlossen haben! Wenn Sie die Wörter vergessen, wird Ihr Schutzengel sie für Sie sagen.

Für die Visualisierung beziehungsweise Übung eines Tages benötigen Sie zwischen fünf und zehn Minuten.

Das Gebet ist besonders hilfreich, um zu lernen, Ihre Liebe freizusetzen, da die Liebe mit Ihrer Seele verbunden ist. Hier ist das Gebet, das mir geschenkt wurde, um Ihnen zu helfen, mehr von Ihrer Selbstliebe freizusetzen:

**Lieber Gott,**
**bitte hilf mir,**
**das wertvollste Geschenk weiterzugeben,**
**das du mir gemacht hast,**
**die Liebe,**
**das Geschenk, das mit**
**meiner Seele verbunden ist.**
**Amen.**

Das Gebet steht auch auf einer der Karten. Vielleicht möchten Sie es aufsagen oder Gott um Hilfe bitten, indem Sie irgendein anderes Gebet oder andere Worte sprechen, während Sie in dieser Woche lernen, sich selbst mehr zu lieben.

## Tag 1: Erkennen Sie, dass Sie reine Liebe sind

Ob Sie es glauben oder nicht, Sie sind reine Liebe. Jedes einzelne neugeborene Baby ist reine Liebe. Ich habe noch nie ein Neugeborenes gesehen, das keine reine Liebe wäre. Und bei Ihnen ist das nicht anders. Als Baby waren Sie reine Liebe – und das sind Sie immer noch.

Wie ich Ihnen in diesem Buch bereits gesagt habe, kann Liebe nicht zerstört oder in irgendeiner Weise gemindert werden – man kann sie nicht verlieren, aufbrauchen oder weggeben. Diese reine Liebe bleibt für den Rest Ihres Lebens stets in Ihnen vorhanden.

Letzte Woche habe ich ein junges Paar mit einem neugeborenen Baby gesehen, als ich in Kilkenny beim Einkaufen war. Die jungen Eltern waren etwa Mitte 20, und das Baby war erst ein oder zwei Wochen alt. Ein Engel bei den Eltern erklärte mir, dies sei ihr erstes Kind und sie seien überglücklich und sehr stolz auf ihr Baby. Der Engel sagte mir außerdem, das Paar sei sehr verliebt.

Der Vater, der groß und attraktiv war, trug das Kind in seinen Armen, und ich konnte die Kraft der Liebe sehen, die von dem Baby ausging. Die kleine Decke, in die das Neugeborene eingewickelt war, stellte keine Barriere dar; die Kraft der Liebe strömte aus jedem Körperteil des Babys hervor. Seine kleine Hand ragte aus der Decke hervor, und ich konnte die Liebe aus jedem Finger kommen sehen. Als die Finger sich leicht bewegten, war es, als bewege sich die reine Liebe, als könne das Kind diese reine Liebe mit seinen kleinen Fingern dirigieren. Die Liebe wirkte kristallklar und funkelte. Sie sah genauso aus, wie die Liebeskraft immer aussieht, aber sie wirkte etwas frischer und reiner.

Als Sie geboren wurden, waren Sie reine Liebe – genauso wie dieses Baby. Diese reine Liebe ist in Ihrem Inneren vorhanden und wartet darauf, dass Sie den Schlüssel umdrehen und sie hinauslassen.

Der erste Schritt besteht darin zu erkennen, dass Sie reine Liebe sind.

Vielen von Ihnen wird es schwerfallen, sich einzugestehen, dass sie reine Liebe sind, das ist mir bewusst. Möglicherweise wühlt es viele Emotionen auf, viele Gedanken und Vorstellungen, warum Sie keine reine Liebe sind. Einige von Ihnen haben möglicherweise Angst vor den Emotionen, die aufkommen werden.

Ja – es *werden* Gefühle aufkommen. Aber wenn Emotionen entstehen, wird auch Ihre Liebe hervorgerufen, und das ist der erste Schritt, mehr von der Liebe freizusetzen, die Sie in sich eingeschlossen haben.

Ich möchte Ihnen etwas über das Foto im Dubliner Haus meiner Freundin und Agentin Jean erzählen. Als ich zum ersten Mal vor zehn Jahren in das Haus kam, lenkten die Engel meine Aufmerksamkeit auf ein schwarz-weißes Foto von Jean als kleines Baby in einem Kinderwagen. Es war ein großer altmodischer Kinderwagen, und Jean, die wahrscheinlich etwa sechs Monate alt war, schlief mit dem Daumen im Mund friedlich darin.

Als ich eine Bemerkung über das Foto machte, erzählte Jean mir, ihr Vater habe es aufgenommen. Sie hatte es einem geliebten Menschen geschenkt, und nachdem diese Person gestorben war, kam es zu ihr zurück. Ich sagte ihr, dass sie dieser Person das Foto geschenkt habe, weil sie diesem geliebten Menschen ihr bestes Selbst zeigen wollte.

Jedes Mal, wenn ich den Raum betrete, in dem Jean arbeitet, ist es so, als würde sich dieses Foto aufhellen – manchmal befinden sich andere Fotos daneben, aber ich nehme sie nie wahr. Wenn ich dieses Foto betrachte, erlauben die Engel mir, die reine Liebe in Jean als Baby zu sehen.

Jedes Mal, wenn ich in diesem Zimmer bin, befindet sich ein Engel neben dem Foto – es ist immer derselbe Engel, sehr groß und schön, und manchmal sehe ich Flügel. Die Kleidung der Engel verändert allerdings ihre Farben – als ich letzte Woche bei Jean war, erzählte sie mir, wie sehr sie den Herbst liebt. Und als ich den Engel betrachtete, war er in herbstliche Farben gekleidet. Ich habe nie gefragt, ob der Engel dort ist, wenn ich nicht da bin. Aber ich gehe stets davon aus, dass er sehr häufig dort ist.

Als ich das Foto letzte Woche ansah, öffnete sich das Licht von Jeans Schutzengel. Er tat, was er so häufig tut – er veränderte seine männliche Erscheinung zu einer weiblichen und umgekehrt. Er war riesig und liebevoll über Jean gebeugt. Außerdem trug er goldene Roben mit einem wunderschönen grünfarbenen Muster, das mit Bernsteingelb getönt war.

Jeans Schutzengel lächelte mich an und sprach ohne Worte darüber, wie schwer es ihr fällt zu erkennen, dass sie reine Liebe ist, wie sehr sie darum ringt, sich selbst zu lieben, und dass sie sich nicht als gut genug empfindet. Ich antwortete ihrem Schutzengel: »Aber sie ist brillant – auch wenn sie es nicht erkennt.«

Egal wie sehr sie auch damit ringen mag, es zu glauben, ich weiß, dass Jean reine Liebe ist. Ich kann es auf dem Foto wahrnehmen und hoffe und wünsche mir, dass Jean es eines Tages selbst sehen kann. Bis dahin erinnert dieses Foto sie daran, dass sie reine Liebe ist. Und im Laufe der Zeit wird sie lernen, mehr von der Liebe herauszulassen, die sie in sich eingeschlossen hat. Ich weiß, dass ihr Schutzengel da ist und ihr hilft.

*Die Engel fordern Sie dazu auf,*
*heute Folgendes zu tun:*

**1) Suchen Sie ein Babyfoto von sich heraus und machen Sie sich bewusst, dass das Baby reine Liebe ist.**

- Schon während Sie nach einem Babyfoto von sich* suchen, sollten Sie sich bewusst machen, dass Sie nach dem Foto suchen, damit es Ihnen dabei hilft, sich daran zu erinnern, dass Sie reine Liebe sind.
- Wenn Sie ein Foto gefunden haben, sollten Sie sich ein paar Minuten in Ruhe hinsetzen. Betrachten Sie das Foto, als täten Sie dies zum ersten Mal in Ihrem Leben, und nehmen Sie die Schönheit, den Frieden, die Liebe wahr.
- Spüren Sie die reine Liebe, die im Inneren dieses Babys vorhanden ist. Machen Sie sich bewusst, dass dieses Baby reine Liebe ist – und dass Sie das sind!

Vielleicht möchten Sie dieses Foto irgendwo aufbewahren, wo Sie es sehen können, damit es Sie erin-

---

* Falls Sie kein Babyfoto von sich haben, können Sie ein Foto von irgendeinem Baby verwenden oder einfach ein Baby betrachten. Wenn Menschen ein kleines Baby sehen, nehme ich häufig eine Woge der Liebe wahr, die von ihnen ausgeht, selbst wenn sie keine Verbindung zu ihm haben. Die Liebe in ihrem Inneren reagiert auf die reine Liebe in diesem Baby.

nern kann – Sie könnten das Foto auch (mit Ihrem Handy) abfotografieren, damit Sie es stets bei sich haben. Möglicherweise denken Sie sogar darüber nach, anderen Menschen dieses Foto zu zeigen.

Falls diese Übung schwierig oder zu emotional für Sie ist, können Sie die folgenden Dinge tun:

- Lassen Sie jegliche Bewertung beziehungsweise Selbstkritik an sich als Erwachsenem außer Acht – ich bitte Sie darum, lediglich die reine Liebe zu erkennen, die Sie als unschuldiges Baby waren.
- Bitten Sie Ihren Schutzengel um Hilfe.
- Legen Sie das Foto nun aus der Hand und kommen Sie zu einem späteren Zeitpunkt an diesem Tag noch einmal darauf zurück.

**2) Tagesmotto:**

**Ich bin reine Liebe**

Sagen Sie heute mindestens drei Mal *»Ich bin reine Liebe«*. Jedes Mal, wenn Sie es sagen, wird es die Liebe hervorrufen, die in Ihrem Inneren vorhanden ist. Versuchen Sie es mit Ihrem Herzen zu sagen und machen Sie sich keine Gedanken, wenn Ihnen Zweifel kommen.

## Tag 2: Beschließen Sie, sich selbst mehr zu lieben

Es ist Ihre Entscheidung, sich selbst mehr zu lieben. Sie sind reine Liebe und können sich entscheiden, ob Sie diese Liebe hinauslassen werden oder nicht.

Mir ist bewusst, dass viele Menschen sich nur schwer vorzustellen vermögen, dass wir uns frei dazu entscheiden können, die eingeschlossene Liebe hinauszulassen – aber der Engel ohne Namen versichert mir, dass jeder Einzelne von Ihnen die Wahl hat.

Heute werden wir uns auf Ihre Entscheidung konzentrieren, sich selbst mehr zu lieben.

Vor einigen Jahren ging ich in mein Lieblingscafé in Dublin – Bewleys. Es war viel los, und ich setzte mich allein an einen kleinen runden Tisch. Am Nachbartisch, der sehr nah bei mir stand, saß eine attraktive Frau Anfang 20. Die Engel, die bei mir waren, forderten mich auf, sie zu begrüßen. Das tat ich. Sie sah mich an und begrüßte mich ebenfalls. Sie wirkte nicht sehr glücklich. Die Engel wiesen mich an, sie zu fragen, wie ihr Tag war, und obwohl ich mich auf einen Kaffee in Ruhe gefreut hatte, tat ich, wie sie mich geheißen hatten. Die Antwort der Frau bestürzte mich. »Mein Tag ist schrecklich!«, sagte sie. Dann fügte sie unter Tränen hinzu: »Ich hasse mich. Ich bin so gemein und ekelhaft.« Der Engel ohne Namen berührte meine Hand und sagte mir, dass sie sich selbst gegenüber so gut wie keine Liebe empfand.

»Ich glaube nicht, dass Sie gemein und ekelhaft sind«, erwiderte ich und sagte damit, was der Engel ohne Namen mir auftrug zu sagen. »Sie sind freundlich und haben reagiert, als ich Sie begrüßt habe. Ich weiß, dass viel Gutes in Ihnen steckt.«

Als ich das sagte, war der Tisch von Engeln umgeben – als hätten sowohl mein Schutzengel als auch ihr Schutzengel, der sich nicht öffnete, all die arbeitslosen Engel aus der Umgebung zusammengerufen und ihnen gesagt, dass sie Hilfe brauchten.

»Wie können Sie irgendetwas Gutes in mir sehen? Ich bin zu nichts nutze. Ich hasse mich so sehr«, sagte sie und wischte sich die Tränen fort.

Ich fragte sie, ob sie ihren Hass auf sich selbst für einen Moment beiseiteschieben und sich entschließen könne, sich für eine Weile etwas mehr selbst zu lieben. »Ich weiß, dass Sie es können – aber Sie müssen beschließen, es zu tun. Es ist Ihre Entscheidung«, sagte ich zu ihr.

Die junge Frau dachte darüber nach. »Für wie lange muss ich mich dazu entschließen?« Der Engel ohne Namen gab mir vor, was ich sagen sollte: »Beschließen Sie, sich eine Woche lang mehr zu lieben. Das ist alles, worum ich Sie bitte. Wenn Sie feststellen, dass Ihr Leben nicht glücklicher wird, können Sie sich am Ende dieser Woche wieder ablehnen.«

Zögernd versprach sie mir zu beschließen, sich die nächste Woche zu lieben. Als sie aufbrach, bat ich ihren Schutzengel darum, ihr dabei zu helfen. Außerdem bat ich einen arbeitslosen Engel, sie zu begleiten und sie ständig an die Entscheidung zu erinnern, die sie für diese Woche getroffen hatte.

Ich hätte nie gedacht, dass ich sie wiedersehen würde, aber ungefähr ein Jahr später – ich kann mich wirklich nicht gut an genaue Zeiten erinnern –, als ich wieder bei Bewleys war, forderten die Engel mich auf, zur Tür zu sehen. Als ich es tat, kam diese junge Frau herein. Sie sah sich um, erblickte mich, kam strahlend auf mich zu und fragte mich, ob sie sich für einen Moment zu mir setzen könne. Lächelnd sagte ich Ja. Ich konnte die Liebe aus jeder Faser ihres Körpers herausströmen sehen. Sie erzählte mir, dass sie meiner Aufforderung gefolgt war – sie hatte beschlossen, ihren Selbsthass zu überwinden und sich eine Woche lang zu lieben. Es war, so berichtete sie mir, nicht so schwer gewesen, wie sie gedacht hatte. Und aufgrund der Entscheidung, sich selbst mehr zu lieben, war ihr Leben einfacher geworden. Sie ärgerte sich weniger über andere Menschen in ihrem Umfeld und kritisierte andere und sich selbst nicht mehr so schnell.

Während jener Woche hatte sie jeden Morgen bewusst beschlossen, sich an diesem Tag mehr zu lieben. Als die Woche vorbei war, hatte sie sich dafür entschieden, ihre Liebe nicht mehr einzusperren. Sie räumte ein, dass es immer noch Zeiten gab, in denen sie sich selbst hasste – aber wenn dies geschah, traf sie erneut die Entscheidung, ihre Liebe nicht einzuschließen, und damit wurden die Dinge etwas leichter.

*Die Engel fordern Sie dazu auf,*
*heute Folgendes zu tun:*

**1) Visualisierung (5 bis 10 Minuten):**

- Suchen Sie sich einen ruhigen Platz und setzen Sie sich hin. Schließen Sie die Augen, wenn Sie möchten.
- Visualisieren Sie einen großen antiken Schlüssel in Ihrer Hand. Stellen Sie sich vor, wie er aussieht, wie schwer er sich anfühlt, wie kalt – oder warm – er ist. Spüren Sie ihn tatsächlich in Ihrer Hand.
- Stellen Sie sich nun eine große antike Schatztruhe vor, die etwas wirklich Wertvolles enthält. Es *ist* tatsächlich etwas Wertvolles, etwas Unbezahlbares; sie enthält die Liebe, die Sie eingesperrt haben.
- Sie halten den Schlüssel, um die Liebe herauszulassen, in Ihrer Hand. Denken Sie darüber nach und erinnern Sie sich daran, dass Sie reine Liebe sind.
- Beschließen Sie, die Truhe zu öffnen. Lassen Sie sich Zeit – treffen Sie eine wirklich bewusste Entscheidung, dass Sie die Liebe freisetzen werden, die Sie eingesperrt haben. Erinnern Sie sich daran, dass es nun in Ordnung ist, Ihre Liebe herauszulassen; es ist sicher, Ihre Liebe zu befreien.

- Wenn Sie diese Entscheidung getroffen haben, stellen Sie sich vor, wie Sie Ihre Hand mit dem Schlüssel ausstrecken. Stellen Sie sich nun vor, wie Sie den Schlüssel ins Schloss stecken. Drehen Sie den Schlüssel dann langsam herum. Achten Sie auf das knackende Geräusch des Schlosses. Öffnen Sie nun die Truhe – machen Sie es langsam, damit Sie wirklich wahrnehmen, was Sie tun – und machen Sie sich bewusst, dass Sie die Entscheidung getroffen haben, die reine Liebe freizusetzen, die in Ihrem Inneren eingesperrt ist.

Falls diese Übung schwierig oder zu emotional für Sie ist, können Sie die folgenden Dinge tun:

- Bitten Sie Ihren Schutzengel darum, Ihnen dabei zu helfen, die Truhe zu öffnen.
- Wenn Sie das Gefühl haben, dass es heute eine zu große Anforderung ist, die Truhe zu öffnen, sollten Sie tun, was die junge Frau aus der Geschichte weiter oben getan hat – beschließen Sie, die Schatztruhe Ihrer Liebe für eine Weile zu öffnen, und fühlen Sie sich sicher in dem Bewusstsein, dass Sie den Schlüssel danach wieder im Schloss drehen und die Liebe erneut einschließen können, wenn Sie das möchten.
- Es ist in Ordnung, andere Gefühle als Liebe zu empfinden. Das sollten Sie sich bewusst machen. Wenn Sie die Liebe hervorrufen, wühlen Sie auch andere Emotionen auf, und diese sind manchmal

schmerzlich. Wenn Sie Emotionen empfinden, machen Sie es richtig. Wenn es zu schmerzlich für Sie ist, lassen Sie es für den Moment sein und kommen Sie später noch einmal darauf zurück. Jedes Mal, wenn Sie es tun, wird der Schmerz schwächer sein, bis Sie schließlich in der Lage sind, das Schloss zu öffnen und Ihre Liebe freizusetzen.

**2) Tagesmotto:**

**Ich beschließe,
mich selbst mehr zu lieben**

Versuchen Sie heute, mindestens drei Mal zu sagen: »*Ich beschließe, mich selbst mehr zu lieben.*« Bewahren Sie die Karte mit diesen Worten irgendwo auf, wo Sie sie gut sehen können, damit Sie daran erinnert werden.

## Tag 3: Sich selbst zu lieben ist nicht egoistisch

Wie der Engel ohne Namen mir sagt, besteht die größte Hürde dabei, sich selbst zu lieben, für manche Menschen in der Überzeugung, das sei falsch oder egoistisch.

Viele von uns haben als Kinder gelernt, wir hätten kein Recht, uns selbst zu lieben. Seit Generationen wird uns das eingeimpft. Als wir klein waren, wurde uns das von Menschen vermittelt, die wir liebten und die uns liebten. Sie taten das, weil es auch ihnen so vermittelt worden war und sie es nicht besser wussten. Sie dachten, auf diese Weise würden sie uns vorbereiten, uns vor Enttäuschungen in einer Welt schützen, die sie als hart empfanden.

Sie dachten, sie täten es in unserem Interesse – aber sie täuschten sich, und das führte zu großem Unrecht. Die Engel fordern mich auf, Sie auf Folgendes hinzuweisen: Nur weil Ihnen etwas zum wiederholten Male gesagt wurde, ist es noch lange nicht richtig.

Täuschen Sie sich nicht – bei der Selbstliebe geht es nicht um »mich, mich, mich«. Es bedeutet nicht, eingebildet oder habgierig zu sein. Es fällt mir schwer, den Unterschied zwischen Selbstliebe und absoluter Egozentrik zu erklären. Aber ich glaube, die meisten Menschen kennen den Unterschied tief in ihrem Inneren.

Wenn Sie sich selbst mehr lieben, haben Sie mehr Liebe und Mitgefühl *für andere Menschen in Ihrem Umfeld. Ich sage immer wieder: Man kann niemanden mehr lieben als sich selbst. Wenn Sie sich selbst nur ein bisschen lieben,* dann können Sie auch alle anderen nur in diesem Maße lieben – Ihr Kind, Ihren Mann, Ihre Frau. Wenn Sie sich selbst mehr lieben, verändert das alles. Es verändert Ihre Lebensumstände. Es macht Sie glücklicher, und es macht jeden in Ihrem Leben glücklicher. Wie könnte das egoistisch sein?

*Die Engel fordern Sie dazu auf,*
*heute Folgendes zu tun:*

**1) Tun Sie heute etwas für sich selbst, das Sie daran erinnert, dass Sie die Erlaubnis haben, sich selbst zu lieben – dass es in Ordnung ist, sich selbst zu lieben.**

Entscheiden Sie sich für etwas, das *Ihnen* gefällt – hier sind ein paar meiner Lieblingsdinge:

- Mir Zeit nehmen, vor meinem Haus zu sitzen (solange es nicht regnet) und eine Tasse Tee zu genießen.
- Einen genussvollen Spaziergang auf dem Weg in der Nähe meines Hauses machen.
- Ein Eis genießen.

Machen Sie sich Folgendes bewusst: Es ist Ihr Geschenk an sich selbst, Ihre Art und Weise zu sagen, dass es okay ist, sich selbst zu lieben. Denken Sie keinen Moment, es sei egoistisch – wenn Sie sich selbst mehr Liebe entgegenbringen, sind Sie in der Lage, alle Menschen in Ihrem Umfeld mehr zu lieben.

**2) Tagesmotto:**

**Es ist in Ordnung, mich selbst zu lieben**

## Tag 4: Sie haben Liebe verdient

Sie glauben doch nicht etwa, Gott würde einen kleinen Funken seines Lichts für jemanden verschwenden, der nicht liebenswert wäre?

Vor ein paar Wochen habe ich eine junge Frau im Park gesehen. Sie beobachtete ein Paar, das mit einem kleinen Mädchen spielte, aber sie sah sehr traurig aus. Das Licht ihres Schutzengels öffnete sich. Der Engel umarmte sie mit seinen Armen und Flügeln. Die Flügel bestanden aus schneeweißen Federn, die Federspitzen waren golden.

Der Engel sah zu mir auf und sagte mir ohne Worte, die Frau habe das Gefühl, nicht liebenswert zu sein, und glaube, sie verdiene es nicht, geliebt zu werden. Sie spürte, dass sie nie die Liebe und Freude erleben würde, die diesem Paar zuteil wurde, dass sie nie ein Kind auf eine solche Weise lieben und stets von außen zusehen würde, wie andere das Glück genossen, das durch Liebe entsteht.

Der Schutzengel sah wieder zu ihr hinab. Er hatte immer noch seine riesigen Flügel und Arme um die junge Frau gelegt. Nun veränderte sich seine Miene und strahlte eine immense Liebe, großes Mitgefühl und Achtung aus. Einen Moment lang erkannte ich flüchtig, was der Schutzengel sehen konnte: die Seele der jungen Frau. Ihre Seele war reine Liebe – sie war nie etwas anderes gewesen als reine Liebe –, sie war ein Funken Gottes und in ihrem Inneren vorhanden.

Der Schutzengel beschrieb ihr flüsternd die Schönheit dessen, was er sehen konnte. Er half ihr, in menschlicher Weise zu verstehen, dass sie eine Seele hatte; dass sie selbst reine Liebe war und sie daher Liebe verdient hatte. Er half ihr, all die Selbstkritik und Zweifel an ihrer Liebenswürdigkeit auszuräumen.

Die junge Frau stand da, beobachtete das Paar und seine Tochter und hörte den Worten ihres Schutzengels zu. Ich wusste, dass sie die Worte hörte, da sich ihr Gesicht entspannte und aufhellte. Es war, als würde sie zum ersten Mal in ihrem Leben erkennen, dass sie Liebe verdient hatte.

Ich weiß, dass die junge Frau genau in diesem Moment erkannte, dass sie Liebe verdiente. Allerdings weiß ich auch, dass sie in der Zukunft an ihrer Liebenswürdigkeit zweifeln wird. Doch ich glaube, dass sie mithilfe ihres Schutzengels in der Lage sein wird, sich an den Moment zu erinnern, in dem ihr Schutzengel ihr gezeigt hat, dass sie reine Liebe ist, und eine Verbindung zu dieser Liebe herzustellen.

Ich wäre sehr gern in der Lage, mit jedem von Ihnen persönlich zu sprechen, um Ihnen zu beschreiben, auf welche Weise ich wahrnehme, dass Ihr Schutzengel Sie bedingungslos liebt – um Ihnen mit den Worten Ihres Schutzengels zu sagen, wie sehr Sie die Liebe verdient haben und ihrer würdig sind. Leider bin ich nur eine einzelne Person und daher nicht in der Lage, dies zu tun. Aber ich weiß, dass Sie die Zweifel überwinden können, möglicherweise keine Liebe verdient zu haben, Zweifel die jeder zuweilen hat. Und ich glaube, dass Ihr Schutzengel Sie bei jedem Schritt des Weges begleitet, auf dem Sie lernen, jegliche Zweifel daran zu überwinden, dass Sie Liebe verdient haben.

*Die Engel fordern Sie dazu auf,*
*heute Folgendes zu tun:*

**1) Visualisierung:**

Ihr Schutzengel liebt Sie bedingungslos. Sie haben bei ihm oberste Priorität. Er weiß, wie sehr Sie Liebe verdient haben. Er möchte Ihnen helfen, sich selbst mehr zu lieben. Setzen Sie sich ruhig hin und atmen Sie ein paar Mal tief ein und aus; schließen Sie die Augen, wenn Sie möchten.

- Machen Sie sich bewusst, dass Ihr Schutzengel bei Ihnen ist.
- Bitten Sie ihn darum, Ihnen zu helfen, die bedingungslose Liebe zu spüren, die er Ihnen gegenüber empfindet.
- Spüren Sie die Umarmung Ihres Schutzengels, die Ihnen zeigt, wie sehr er Sie liebt.
- Bitten Sie Ihren Schutzengel darum, Ihnen zu helfen, alle menschlichen Ängste abzubauen, die Sie möglicherweise haben – etwa nicht liebenswert zu sein oder dass es egoistisch oder falsch sein könnte, sich selbst zu lieben.

- Bleiben Sie ein bis zwei Minuten sitzen, genießen Sie die bedingungslose Liebe Ihres Schutzengels und akzeptieren Sie, dass Sie Liebe verdient haben.

*Entspannen Sie sich und genießen Sie diese Visualisierung – Sie können nichts falsch machen! Falls Sie Unterstützung benötigen, bitten Sie Ihren Schutzengel darum, Ihnen zu helfen*

**2) Tagesmotto:**

**Ich habe Liebe verdient**

Sagen Sie das heute mindestens drei Mal und immer dann, wenn Sie irgendwelche Zweifel daran haben, liebenswert zu sein.

## Tag 5: Sie sind einzigartig – es gibt niemanden auf der Welt wie Sie

Jedes neugeborene Baby weiß, dass es liebenswert ist. Es verschwendet keine Zeit damit, sich mit anderen neugeborenen Babys zu vergleichen. Doch wenn wir erwachsen werden, verbringen wir sehr viel Zeit damit, an uns selbst zu zweifeln, und vergleichen uns auf negative Weise mit anderen.

Die Engel machen mich stets darauf aufmerksam, wie besonders und einzigartig jeder einzelne Mensch ist. Jeder von uns spielt eine einzigartige Rolle auf dieser Welt – kein anderer kann diese Rolle übernehmen. Es gibt niemanden auf der Welt, der so lächelt oder so lacht wie Sie; niemanden, der Ihre Rolle spielt. Wir alle benötigen die einzigartigen Talente und Sichtweisen der anderen; wir sind alle unterschiedlich, und das ist sehr wichtig.

Dennoch zweifeln wir an uns und vergleichen uns mit anderen. Im Laufe der Jahre, vor allem seit meine Bücher veröffentlicht worden sind, bin ich vielen Menschen begegnet, die als äußerst attraktiv gelten – Männern und Frauen. In der Tat waren sie physisch schön, aber sie alle hatten eine Unsicherheit gemeinsam: Sie verglichen sich mit anderen und erachteten sich auf die ein oder andere Weise als körperlich unvollkommen. Sie waren vielleicht zufrieden mit ihrer Figur, aber unglücklich über ihre Haare oder was auch immer. Die Engel sagen mir, dass sehr viele Menschen nicht in der Lage sind, die ihnen innewohnende Schönheit zu erkennen, weil sie sich mit anderen vergleichen. Dies blockiert sie erheblich dabei, sich selbst zu lieben.

Wenn jemand mit mir spricht, sagt mir dessen Schutzengel häufig, dieser Mensch denke, er sei nichts Besonderes oder nicht gut genug. Manchmal wird mir aufgetragen, den Menschen zu sagen, was ich erkenne, wenn ich sie ansehe. Bereits als Kind haben die Engel mich gelehrt, die einzigartige Schönheit zu erkennen, die jedem Menschen innewohnt, all die körperliche Schönheit, die vorhanden ist, sowie die Schönheit und Liebe, die in ihrem Herzen ist. Wenn ich einen Menschen ansehe, werden mir stets wunderbare persönliche Merkmale, Freundlichkeit und Güte gezeigt (sogar bei Menschen, die mir erzählt haben, sie hätten schreckliche Dinge getan). Ich bin noch nie einem Menschen begegnet, der nicht schön und einzigartig gewesen wäre. Aber ich weiß, dass es sehr vielen von Ihnen schwerfällt, das zu glauben oder zu glauben, dass sie reine Liebe sind.

Sie sollten sich Folgendes bewusst machen: Niemand ist perfekt – ich bin es nicht, Sie sind es nicht, und niemand auf der Welt ist das. Wir sind alle nur Menschen mit unseren Schwächen. Stellen Sie daher künftig nicht mehr unmögliche Forderungen an sich selbst. Wir sind alle einzigartig, wir sind alle verschieden. Hören Sie damit auf, sich selbst zu Ihren Ungunsten mit anderen zu vergleichen. Es macht das Leben schwerer als nötig, und es ist eine sehr große Barriere für die Selbstliebe.

Vor Kurzem lenkte der Engel ohne Namen meine Aufmerksamkeit am Flughafen Heathrow auf ein kleines Mädchen, das etwa acht Jahre alt war. Ich konnte die Liebeskraft aus jeder Faser dieses Kindes hervorkommen sehen, funkelnd wie Eis in der Sonne. Sie entfernte sich ein Stück von dem Mädchen und schien dann zu ihm zurückzuströmen und es mit

Liebe zu überfluten. Dieses kleine Mädchen hatte keinen Zweifel daran, wie liebenswert es war.

Ich freute mich sehr darüber, diese Liebe zu sehen, aber anfangs reagierte ich etwas traurig, da dieses Mädchen große Probleme beim Laufen hatte. Seine kleinen Beine waren krumm. Ein in Weiß gekleideter Engel vor ihm war über das Mädchen gebeugt und half ihm bei jedem Schritt dabei, seinen Fuß zum Boden zu führen.

Dann erleuchteten Engel die Wirbelsäule des Mädchens, und ich erkannte, dass sie auf eine Weise gekrümmt war, die zu einer Schiefstellung der Hüfte führte. Das Mädchen litt an Spina bifida.

Ich machte mir Sorgen darüber, wie die Spina bifida sich auf das Leben des Mädchens auswirken würde, aber der Engel bei ihm ermutigte mich: »Sieh es einfach an!«

Ich sah wieder zu dem Kind und erkannte, wie glücklich es war, wie sehr es sich über jeden Schritt, den es machte, zu freuen schien, trotz der enormen physischen Anstrengung, die dafür erforderlich war. Die Herausforderung bei jedem Schritt machte ihm Spaß, und es hatte viel Freude dabei.

Das Mädchen hatte keinen perfekten Körper. Es hatte physische Einschränkungen, die die meisten von uns nicht haben, aber der Engel ohne Namen teilte mir mit, dass es sich selbst als liebenswert und seinen Körper als vollkommen empfand. Es war glücklich und voller Freude und strahlte vor Selbstliebe. Ich sprach ein Gebet dafür, dass das Mädchen stets so denken würde, wenn es aufwuchs und den Herausforderungen des Lebens begegnete, und bat darum, dass seine Selbstliebe weiterhin aus ihm herausströmen würde.

*Die Engel fordern Sie dazu auf,*
*heute Folgendes zu tun:*

**1) Visualisierung:**
Vor wenigen Tagen haben Sie eine Visualisierung durchgeführt, bei der Sie eine Schatztruhe geöffnet und die Liebe herausgelassen haben, die Sie eingesperrt hatten. Heute möchte ich Sie bitten, das zu wiederholen und noch mehr von der Liebe in Ihrem Inneren freizusetzen. Dieses Mal sollten Sie sich wirklich Zeit nehmen und sich darauf konzentrieren, wie Ihr Schlüssel aussieht – dass er einzigartig für Sie ist, anders als der Schlüssel irgendeines anderen Menschen auf der Welt.

Suchen Sie sich einen ruhigen Platz und setzen Sie sich hin. Schließen Sie die Augen, wenn Sie das möchten.

- Stellen Sie sich den Schlüssel in Ihrer Hand vor. Betrachten Sie ihn genau. Welche Farbe hat er, wie groß ist er, wie schwer fühlt er sich an, wie kalt – oder warm – ist er? Betrachten Sie ihn eingehend und spüren Sie ihn. Es ist Ihr Schlüssel. Er ist einzigartig für Sie und anders als der Schlüssel irgendeines anderen Menschen auf der Welt.

- Betrachten Sie nun die antike Truhe, in der die Liebe aufbewahrt ist, die Sie eingesperrt haben – das Wertvollste, was Sie auf der Welt haben.
- Sie haben Ihren Schlüssel, Ihren einzigartigen Schlüssel, um diese wertvolle Liebe freizusetzen, in Ihrer Hand. Beschließen Sie, die Truhe zu öffnen. Machen Sie sich bewusst, dass es nun in Ordnung ist, Ihre Liebe herauszulassen; es ist sicher, Ihre Liebe freizulassen.
- Wenn Sie diese Entscheidung getroffen haben, stellen Sie sich vor, wie Sie die Hand mit dem Schlüssel ausstrecken. Sehen Sie, wie Sie den Schlüssel ins Schloss stecken. Drehen Sie den Schlüssel dann langsam herum. Achten Sie auf das knackende Geräusch des Schlosses. Öffnen Sie dann die Truhe – tun Sie es langsam, damit Sie intensiv wahrnehmen, was Sie tun. Machen Sie sich bewusst, dass Sie die Entscheidung getroffen haben, die reine Liebe freizusetzen, die in Ihrem Inneren eingesperrt war.

*Hinweis:*
Wir haben sehr viel Liebe in unserem Inneren eingeschlossen. Daher können wir diese Übung immer wieder machen, denn jedes Mal, wenn wir den Schlüssel zur Hand nehmen und beschließen, die Truhe mit der eingeschlossenen Liebe zu öffnen, lassen wir etwas mehr von unserer Liebe heraus.

Liebe tut manchmal weh, und möglicherweise gibt es Situationen in der Zukunft, in denen Sie verletzt sind und automatisch etwas Liebe einsperren, um sich selbst zu schützen. Sie sollten sich allerdings bewusst machen, dass Sie diese Liebe nie verlieren oder zerstören können.

Sobald Sie erkannt haben, dass Sie reine Liebe sind, und sich dazu entscheiden können, diese Liebe freizusetzen, werden Sie die Liebe nie mehr auf die gleiche Weise einsperren. Mit jedem Mal wird es leichter, den Schlüssel im Schloss herumzudrehen.

**2) Tagesmotto:**

**Ich bin einzigartig**

## Tag 6: Werden Sie sich der Liebe in Ihrem Umfeld bewusst

Liebe kann das Lächeln eines Fremden sein.

Die Engel weisen mich stets darauf hin, dass wir viele Gesten der Liebe in unserem Umfeld für gewöhnlich ignorieren. Die Engel möchten Ihnen dabei helfen, heute Ihre Augen zu öffnen und die Liebe wahrzunehmen, die bereits in Ihrem Leben vorhanden ist: die freundliche Bemerkung eines Nachbarn darüber, wie schön Ihr Garten aussieht, die Süßigkeit, die ein Kind Ihnen anbietet, der Anruf eines Verwandten.

Als ich vor ein paar Tagen in Kilkenny war, machte ein Engel mich auf eine Frau aufmerksam, der es nicht gelang, die Liebe wahrzunehmen oder zu schätzen, die ihr entgegengebracht wurde. Es hatte zu regnen begonnen, und die Frau war schwer beladen mit Einkäufen. Sie blieb stehen und setzte ihre Einkaufstaschen ab, während sie ihren Mantel zuknöpfte. Auf der anderen Straßenseite sah ich eine Frau aus einer Drogerie herauskommen, der ein anderer Engel etwas ins Ohr flüsterte. Sie ging rasch auf die Frau mit den Einkaufstaschen zu und bot ihr an, ihr beim Tragen zu helfen. Die Frau lehnte die Hilfe ziemlich brüsk ab – sie sagte, sie komme allein zurecht. Sie lehnte diese Geste der Liebe ab, die ihr entgegengebracht wurde.

Freundliche Gesten sind Gesten der Liebe, und sie helfen uns, die Liebe in unserem Inneren hervorzurufen. Wenn wir eine Liebesgeste wahrnehmen und erleben, egal wie klein sie auch sein mag, hilft es uns, etwas von der Liebe freizusetzen, die wir eingeschlossen haben. Es hilft uns dabei, uns selbst mehr zu lieben.

Während desselben Ausflugs nach Kilkenny erlebte ich diesen Prozess noch einmal. Auf der gegenüberliegenden Straßenseite erblickte ich eine Frau, die in der Eile etwas fallen ließ – sie war zu weit von mir entfernt, um ihr nachzurufen, und aufgrund des

Verkehrs konnte ich die Straße nicht überqueren. Ein Mann blieb jedoch stehen, hob auf, was sie fallen gelassen hatte, und eilte ihr nach, damit es ihr nicht verloren ging. Als er sie erreicht hatte und ihr leicht auf die Schulter klopfte, konnte ich die Liebeskraft von ihm ausströmen sehen. Ich wusste, dass seine Fürsorge ihr gegenüber die Liebe in seinem Inneren hervorgerufen hatte.

Wenn Sie ein wenig darüber nachdenken, werden Sie diese Kraft wahrscheinlich erkennen. Denken Sie an Situationen, in denen Sie jemandem geholfen haben – vielleicht einem Fremden auf irgendeine kleine Weise. Als Sie sich von diesem Menschen trennten, fühlten Sie sich besser; Sie fühlten sich aufgebaut. Vielleicht war Ihnen bisher nicht bewusst, dass dies an der Liebe lag, die in Ihrem Inneren hervorgerufen wurde. Diese Begegnung hat Ihnen geholfen, etwas mehr Liebe freizusetzen, und dies wiederum hat Ihnen geholfen, sich selbst etwas mehr zu lieben.

*Die Engel fordern Sie dazu auf,*
*heute Folgendes zu tun:*

**1) Übung – nehmen Sie die Liebe in Ihrem Umfeld wirklich wahr.**

Heute möchte ich Sie bitten, Ihre Augen zu öffnen und die Liebe in Ihrem Umfeld zu erkennen. Achten Sie jedes Mal darauf, wenn jemand Sie anlächelt oder Ihnen gegenüber eine freundliche

Geste macht, während Sie außer Haus unterwegs sind. Lassen Sie keinen Ausdruck der Liebe unbeachtet, egal wie klein er auch sein mag.

- Falls Sie heute nicht unter Menschen sind, sollten Sie an Situationen in der Vergangenheit denken, in denen jemand Ihnen mit freundlichen Gesten begegnet ist – Gesten, die Sie in diesem Moment vielleicht nicht als Gesten der Liebe erkannt haben. Denken Sie nun daran und nehmen Sie die Liebe in diesem freundlichen Verhalten wahr.
- Achten Sie darauf, wie Sie sich fühlen. Erkennen Sie in Ihrem Inneren, dass jemand Ihnen gegenüber eine Geste der Liebe zum Ausdruck gebracht hat.

**2) Tagesmotto:**

**Es gibt einen großen Reichtum an Liebe in meinem Leben**

Möglicherweise hadern Sie mit diesem Tagesmotto. Vielleicht glauben Sie nicht so recht daran, dass ein großer Reichtum an Liebe in Ihrem Leben vorhanden ist, aber die Engel versichern mir, dass es viel mehr Liebe im Leben der Menschen gibt, als ihnen bewusst ist.

Wenn Sie die vorhandene Liebe erkennen, setzen Sie mehr von Ihrer eigenen Liebe frei und ziehen mehr Liebe in Ihrem Leben an.

## Tag 7: Feiern Sie! Wenn Sie sich selbst mehr lieben, werden Sie glücklicher sein

Wenn Sie es auf später verschoben haben, sich selbst mehr zu lieben – zögern Sie es nicht länger hinaus. Verschieben Sie es nicht auf morgen. Es spielt keine Rolle, wie alt Sie sind oder was in Ihrer Vergangenheit geschehen ist oder was in Ihrem Leben gerade los ist. Sie können sich immer noch dafür entscheiden, sich selbst mehr zu lieben. Und wenn Sie das tun, werden Sie feststellen, dass Ihr Leben glücklicher und leichter wird.

Loben Sie sich selbst dafür, dass Sie diesen Kurs absolviert haben. Im Laufe dieser Woche haben Sie erkannt, dass Sie als neugeborenes Baby reine Liebe waren und auch heute noch reine Liebe sind. Sie haben den Beschluss gefasst, dass Sie sich selbst mehr lieben wollen, und erkannt, dass es nicht egoistisch ist, sich selbst zu lieben. Ihnen ist klar geworden, dass Sie liebenswert und einzigartig sind, und Sie haben gelernt, die Liebe zu erkennen, die bereits in Ihrem Umfeld vorhanden ist.

Bei diesem Kurs geht es allein darum zu lernen, sich selbst mehr zu lieben. Aber Fakt ist, je mehr Sie sich lieben, desto mehr können Sie – wie wir gesehen haben – auch andere lieben. Wenn Sie sich selbst mehr lieben, empfinden Sie mehr Mitgefühl mit sich und mit anderen. Sie nehmen es etwas bewusster wahr, wenn Sie sich selbst oder anderen ohne Liebe begegnen.

Weiter vorn in diesem Buch erzähle ich im Kapitel »Die Eltern als eigenständige Menschen lieben« die Geschichte einer Frau, der ich im Gefängnis begegnet bin. Sie protestierte, dass sie sich ihre Mutter, die sie schrecklich misshandelt hatte, auf keinen Fall ausgesucht haben konnte. Nach der Veröffentlichung von *Liebe – Das Geschenk des Himmels* wurde ich abermals in das Gefängnis eingeladen, um dort vor einer Gruppe zu sprechen, und begegnete dieser Frau noch einmal. Zu meiner Überraschung erkannte ich sie kaum wieder. Ihre Selbstliebe strömte aus jeder Faser ihres Körpers hervor und kehrte dann zu ihr zurück, um sie mit Liebe zu überfluten. Sie sah um 20 Jahre jünger aus.

Sie hatte sich eingestanden, dass sie ihre Mutter in Wirklichkeit liebte, und damit ihre Selbstliebe freigesetzt, die sie verändert hatte. Sie erzählte mir in einem persönlichen Gespräch von einigen Häftlingen, denen sie ihrer Meinung nach helfen konnte. Sie sagte: »Ich werde für eine lange Zeit hier sein, aber ich kann ihnen helfen, schneller aus dem Gefängnis herauszukommen.« Dabei blickte sie zu ein paar der anderen Insassinnen, und ich konnte sehen, wie ihre Liebe zu ihnen strömte. Sie hatte einen Einfluss auf viele der anderen Strafgefangenen, da sie sich selbst liebte. Sie liebte sich zum ersten Mal und war für einige der Jüngeren zu einer

Mutterfigur geworden. Sie erzählte mir, sie sei viel glücklicher, fühle sich weniger gestresst, und ihr Leben sei viel erfüllender.

Die Kraft der Selbstliebe, die ihr Leben und das der Menschen in ihrem Umfeld verändert hatte, war offensichtlich.

*Die Engel fordern Sie dazu auf,*
*heute Folgendes zu tun:*

**1) Lieben Sie sich selbst mehr – setzen Sie es aktiv um.**

Heute möchte ich Sie dazu anregen, aktiv damit zu beginnen, sich selbst zu lieben. Lassen Sie mich Ihnen drei Beispiele von Menschen geben, die genau das tun.

- Vor einer Stunde habe ich beim Verfassen dieses Textes eine Schreibpause eingelegt und bin auf einen Teller Suppe ins nahe gelegene Dorf gegangen. Ich traf dort eine Bekannte, die sich nach meiner Tochter Megan erkundigte. Sie ist vor Kurzem von zu Hause ausgezogen, um zur Universität zu gehen. Die Frau erzählte mir, wie sehr sie ihre Kinder vermisse, und berichtete mir dann, dass sie dieses Wochenende nach Hause kommen und sie daher sehr viel Arbeit mit Aufräumen und Putzen haben würde. Angesichts all der Dinge, die zu tun waren, klang sie sehr gestresst. Plötzlich erschien der Engel ohne Namen neben ihr, und die Frau wurde still. Liebe strömte aus ihr hervor, als sie sagte: »Ich habe gerade beschlossen, dass mir das Haus egal ist. Deshalb kommen meine Kinder nicht nach Hause – ich werde mir keine Gedanken mehr über das Aufräumen oder Kochen machen und mich darauf konzentrieren, die Zeit mit ihnen zu genießen!« Ich musste lächeln, während ich sie beobachtete. Eine ganze Schar von Engeln kam zu ihr und umgab sie, als sie mir aufgeregt erzählte, wie gern sie Zeit mit ihren Kindern verbrachte. Während sie sprach, nahm ihre Liebe zu, strömte wieder zu ihr zurück und überflutete sie. Der Engel ohne Namen sagte mir, dass diese Frau mir zeigte, was es in der Praxis für sie bedeutete, sich selbst zu lieben.

Vor ein paar Tagen musste ich einen Einkaufsstopp in einer Stadt in der Nähe meines Wohnorts einlegen und kam an einem etwa 13-jährigen Mädchen in einer Schuluniform vorbei, das allein auf einer Steinmauer saß. Es murmelte leise etwas vor sich hin, wie Teenager es manchmal so tun. Der Engel ohne Namen tauchte neben mir auf und wies mich an, mich neben das Mädchen zu setzen und mit ihm zu reden. Es begann zu schimpfen: »Ich hasse meine Eltern, ich hasse die Schule, ich hasse mein Leben, am meisten hasse ich meine Großmutter, weil sie fortgegangen ist und mich verlassen hat ...« Dann fuhr es fort: »Sie war die Einzige, die mir zugehört hat, und dann ist sie weggegangen und gestorben!« Ich saß still daneben und sprach ein Gebet für das Mädchen. Plötzlich sah ich die Liebe des Teenagers hervorkommen, als das Mädchen mit Tränen in den Augen sagte: »Eigentlich habe ich meine Großmutter geliebt ... Und ich vermisse sie, seit sie vor zwei Jahren gestorben ist.« Genau in diesem Moment kamen einige Freunde vorbei, und das Mädchen sprang auf, um sich ihnen anzuschließen. Ich konnte seine Liebeskraft deutlich sehen, als es fortging, da es erkannt hatte, dass es seine Großmutter liebte. Sich selbst zu lieben bedeutete für das Mädchen auch, sich einzugestehen, dass es seine Großmutter liebte, sie vermisste und traurig war, weil sie gestorben war.

Manchmal handelt es sich auch um etwas viel Einfacheres. Vor Kurzem war ich in einem Taxi zu einem Event in London unterwegs. Ich sah einen Mann vor einem Café, der einen Kaffee trank und dem Treiben zusah. Als das Taxi an einer Ampel hielt, wurde mir die Liebe gezeigt, die er sich selbst gegenüber empfand – sie strömte intensiv aus ihm hervor, um ihn dann zu überfluten. Der Engel bei ihm sagte mir, dass er sich eine Pause von seinem hektischen Job gönnte und sich selbst etwas Zeit schenkte. Er genoss diesen Moment wirklich und war innerlich vollkommen ruhig. Genau das bedeutete Selbstliebe für diesen Mann an diesem Tag.

Nur Sie selbst wissen, was es für Sie bedeutet, sich heute mehr zu lieben – denken Sie darüber nach und achten Sie während des Tages auf Gelegenheiten dafür. Manchmal sind es scheinbar nur Kleinigkeiten, aber die Engel sagen mir, dass Sie überrascht sein werden, welchen Unterschied es machen kann, sich nur ein bisschen mehr zu lieben.

**2) Tagesmotto:**

**Ich liebe mich**

In diesem Buch habe ich darüber gesprochen, wie wichtig es ist, anderen Menschen zu sagen, dass Sie sie lieben – welche Kraft in den Worten »Ich liebe dich« enthalten ist. Sie sollten diese Worte auch zu sich selbst sagen.

## Wie geht es nun weiter?

Überlegen Sie, wie Sie sich an das erinnern können, was Sie diese Woche gelernt haben. Hier sind ein paar Vorschläge:

- Platzieren Sie das Babyfoto von sich an einem Ort, an dem Sie es häufig sehen werden.
- Wenn Sie merken, dass Sie sich selbst kritisieren, atmen Sie tief durch und seien Sie nachsichtig mit sich selbst.

- Sprechen Sie mit einem Freund oder einer Freundin über Ihre Erfahrungen bei dem Versuch, sich selbst mehr zu lieben.
- Bewahren Sie die Karten mit den Tagesmottos an verschiedenen Orten auf, damit Sie diese genau dann entdecken, wenn Sie sie brauchen (in einer Manteltasche, Ihrer Schreibtischschublade im Büro, am Kühlschrank ...).
- Wiederholen Sie die Visualisierung, bei der Sie Ihren einzigartigen Schlüssel zur Hand nehmen und die Truhe öffnen, in der Sie Ihre Liebe eingeschlossen haben. Jedes Mal, wenn Sie das tun, werden Sie etwas mehr von Ihrer Liebe freisetzen.
- Machen Sie sich eine Notiz in Ihrem Kalender oder Ihrem Notizbuch, dass Sie dieses Kapitel in vier Wochen noch einmal lesen werden.
- Bitten Sie Ihren Schutzengel darum, Sie daran zu erinnern, sich selbst mehr zu lieben.
- Legen Sie ein Notizbuch an, in dem Sie festhalten, wann Sie die Liebe in Ihrem Umfeld wahrnehmen.
- Machen Sie es sich bewusst, wenn Sie sich selbst nicht lieben, und nehmen Sie sich einen Moment Zeit, um herauszufinden, woran das liegt.

# Anhang

# Gebet Deiner Heilengel

In meinem Buch *Engel in meinem Haar* erzähle ich die Geschichte des Abends, an dem der Engel Michael mir dieses Gebet schenkte. Und seit diesem Tag gebe ich es an Menschen weiter, die zu mir kommen, weil sie Hilfe suchen. Alle Engel leisten Heilarbeit, aber es gibt eine bestimmte Gruppe von Engeln, die sogenannten »Heilengel«, die von den Schutzengeln herbeigerufen werden, wenn eine Heilung erforderlich ist. Es gibt buchstäblich Millionen von Heilengeln, und Gott schickt sie ständig in großer Zahl zur Erde. Wir müssen wirklich nur um ihre Hilfe bitten.

Dabei sollten wir uns immer dessen bewusst sein, dass die Heilung so erfolgt, wie es nach Gottes Ratschluss am besten für uns ist. Manchmal erkennen wir nicht, dass bereits eine Heilung stattgefunden hat, weil es vielleicht nicht die Heilung ist, um die wir gebeten hatten – es könnte zum Beispiel eine emotionale oder spirituelle Heilung eingetreten sein statt einer körperlichen. Wir sollten stets wachsam sein, um eine Heilung, die uns gewährt wurde, zu erkennen. Manchmal kann eine Heilung geringfügig erscheinen: Vielleicht lächelt oder lacht jemand wieder, der lange Zeit depressiv war. Vielleicht geht es jemandem, der körperliche Beschwerden hatte, viel besser, oder vielleicht empfindet eine Mutter, die völlig erschöpft und überfordert war, wieder Glück und Freude.

Viele Leute haben mir selbst berichtet, dass die Heilengel ihnen auf dieses Gebet hin geholfen haben. Und im Laufe der Jahre habe ich auch viele Geschichten über andere Menschen gehört, die überzeugt davon sind, dass ihnen selbst oder einem Menschen, der ihnen nahesteht, durch dieses Gebet geholfen wurde. Viele Leute haben sich dieses Gebet abgeschrieben, um es immer bei sich zu tragen oder um es anderen zu schenken.

## Gebet Deiner Heilengel

***Von Gott, überbracht durch Michael, Deinen Erzengel.***

*Gieße Deine Heilengel,*
*Deine Himmlischen Heerscharen aus über mir*
*Und über denen, die ich liebe,*
*Lass mich den Strahl Deiner*
*Heilengel auf mir spüren,*
*Das Licht Deiner Heilenden Hände,*
*Ich werde Deine Heilung beginnen lassen,*
*Auf welche Weise auch immer Gott*
*Sie gewähren möge,*
*Amen.*

# Kontakt zu Lorna Byrne

Wenn Sie mehr über Lorna Byrne wissen möchten, können Sie die deutsche Internetseite www.lorna-byrne.de besuchen.

Dort können Sie:

Ihre Wünsche und Gebete in Lornas Gebetsrolle eintragen.

*Vor Jahren überreichten mir die Engel eine Gebetsrolle und forderten mich auf, sie in der Hand zu halten, wenn ich bete. Sie sagten, sie würden dann zusammen mit mir für alles beten, was auf dieser Schriftrolle steht.*
*Wenn ich mich in einem meditativen Gebetszustand befinde, halte ich in meiner Hand diese auf der spirituellen Ebene existierende Schriftrolle mit allen Namen und allen Bitten, die darauf stehen, und übergebe sie Gott.*

*Ich lade Sie ein, mir Ihre Gedanken, Freuden und Sorgen zu schicken, damit sie in die Gebetsrolle aufgenommen werden können.*
*Ich kann Ihnen nicht persönlich auf Ihre Zuschrift antworten, aber ich versichere Ihnen, dass Ihr Anliegen in die Gebetsrolle, in meine Gebete und in die der Engel aufgenommen wird. Das alles ist natürlich kostenlos und wird vertraulich behandelt.*

*Lorna*

- Weitere Weisheiten lesen, die Lorna von den Engeln übermittelt wurden.
- Erfahren, wo Lorna Vorträge hält.
- Videos ansehen und Interviews mit Lorna lesen.

Außerdem haben Sie die Möglichkeit, mehr in englischer Sprache über Lorna zu erfahren:
www.lornabyrne.com (Abonnement von Lornas vierteljährlichem Newsletter)
Twitter: @LornaByrne
Facebook: Angels in My Hair by Lorna Byrne